갈라디아서 SERMON NOTE
ON EPISTLE TO GALATIANS

설교노트

장순석 지음

기독교문서선교회

기독교문서선교회(Christian Literature Crusade: 약칭 CLC)는
1941년 영국 콜체스터에서 켄 아담스에 의해 시작되었으며
국제 본부는 영국의 쉐필드에 있습니다.
현재 약 650여명의 선교사들이 59개 나라에서 180개의 본부를 두고,
이동도서차량 40대를 이용하여 문서 보급에 힘쓰고 있으며
이메일 주문을 통해 130여국으로 책을 공급하고 있습니다.
CLC는 청교도적 복음주의 신학과 신앙을 선포하는
국제적, 초교파적, 비영리 문서선교기관으로서, 하나님의 뜻에 합당한 책을 만들고
이 책을 통해 단 한 영혼이라도 구원되길 소망하며
이를 위해 주님이 오시는 그날까지 최선을 다할 것입니다.

Sermon Note on Epistle to Galatians

by

Jarng Soon-suck

2006
Christian Literature Crusade
Seoul, Korea

서문

　나는 성경을 읽으며 묵상하는 것이 좋습니다. 1980년 여름에 처음 예수님을 만나고 나서부터 나에게는 항상 하나님의 임재 의식이 떠나지 않았습니다. 예수님을 영접한 후로 매일 성경을 처음부터 끝까지 읽다보니 어느새 26번을 통독하게 되었습니다. 성경은 읽어도 읽어도 지루해지지 않습니다. 오히려 날마다 더욱 새롭습니다. 다른 어떤 소설책도 이토록 여러 번 읽을 수는 없을 것입니다. 성경을 매일 읽고 또 읽으면 마치 흩어져 있던 구슬들이 꿰어지듯이 많은 것을 배우게 됩니다. 구약의 많은 구절들이 신약 말씀으로 보충되어지고, 신약의 많은 구절들이 구약 말씀으로 의미가 깊어집니다. 성경을 읽으며 또 앞서간 믿음의 선배들의 훌륭한 설교집이나 강해서를 참고하며 조금씩 배워온 성경의 깨달음을 한 책에 담아보았습니다. 루이스 벌코프(Louis Berkhof)의 『조직신학』(Systematic Theology) 책은 나에게 정통 기독교 교리에 관한 좋은 참고서였습니다. 하나님의 절대 주권, 이것이 나의 기독교 사상이자 신앙 노선입니다.

　때때로 내가 다니는 교회에서 설교할 기회가 있었습니다. 선포할 설교를 준비하면서 내게 설교 준비가 어렵지 않은 이유를 찾는 것은 어려운 일이 아니었습니다. 먼저 자신의 영성을 가난하고도 깨끗하게 준비하였습니다. 이는 모든 기독교 설교자들이 갖춰야 할 최소한의 자질일 것입니다.

그 다음으로 성경 안에는 무궁무진한 설교 소재가 담겨져 있음을 깨달았습니다. 이는 성경의 진리이자 지혜입니다. 대다수의 성도가 원하는 것은 하나님께서 들려주시려는 말씀이지 세상적 호기심이나 지식적 자극이 아닙니다. 오늘의 설교를 구체적으로 준비하고자 나는 그 성경 말씀이 쓰인 과거로 되돌아가 봅니다. 그리고 그 당시의 사람들의 처한 상황과 마음의 상태를 읽어봅니다. 그러면 어느새 나에게는 마치 그칠 줄 모르는 샘물처럼 하고 싶은 말이 쏟아지기 시작합니다. 나는 교리를 따지지 않았지만 성령님께서는 나에게 이성적 언어로 하나님의 말씀을 논리적으로 표현하도록 도와주십니다.

이 책은 인터넷 가정교회 홈 페이지 사이트(http://avas.chosun.ac.kr)에 2003년 매 주일마다 게재된 갈라디아서 설교들을 모아 정리한 책입니다. 갈라디아서 다음에는 짤막한 수필식 설교들을 조금 덧붙였습니다. 누구든지 이 책을 읽으면서 영적 도움을 얻으시길 바랍니다.

2006년 광주에서

장 순 석 識

CONTENTS 목차

갈라디아서 설교노트

서문 _5

제1장 ❀ 갈라디아서 이해 서문 | 갈 1:1	1	제9장 ❀ 믿음과 율법 | 갈 3:3-9	62
제2장 ❀ 사도 직분 I | 갈 1:1-3	17	제10장 ❀ 아브라함의 믿음 | 갈 3:10-12	68
제3장 ❀ 사도 직분 II | 갈 1:4-12	23	제11장 ❀ 믿음의 실례 | 갈 3:13-14	74
제4장 ❀ 사도직의 권위 | 갈 1:13-2:2	29	제12장 ❀ 율법의 목적 | 갈 3:14-23	80
제5장 ❀ 믿음과 행위 | 갈 2:3-15	35	제13장 ❀ 몽학 선생 | 갈 3:24-28	86
제6장 ❀ 이신 칭의 | 갈 2:16-19	41	제14장 ❀ 후견인과 청지기 | 갈 3:29-4:9	92
제7장 ❀ 십자가의 도 | 갈 2:20-21	48	제15장 ❀ 참된 자유함 | 갈 4:10-15	98
제8장 ❀ 믿음의 실체 | 갈 3:1-2	54	제16장 ❀ 율법과 은혜 | 갈 4:16-6:2	104

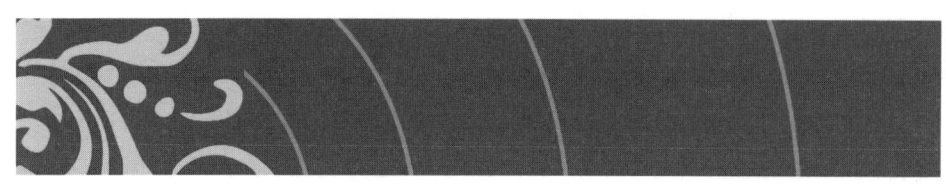

수필식 설교집

제1장 ❀ 어느 향유를 부은 여인	113	
제2장 ❀ 천국관	120	
제3장 ❀ 하나님의 말씀	126	
제4장 ❀ 교회	129	
제5장 ❀ 할례와 세례	131	
제6장 ❀ 전도 준비	133	
제7장 ❀ 이단	139	
제8장 ❀ 미리암과 아론의 도전	143	
제9장 ❀ 새 옷과 새 가죽 부대	146	
제10장 ❀ 하나님과 재물	149	
제11장 ❀ 죄가 더한 속에 은혜가 더욱 넘쳤나니	151	
제12장 ❀ 계명	153	
제13장 ❀ 복음	157	
제14장 ❀ 질문과 답변 I	159	
제15장 ❀ 질문과 답변 II	169	
제16장 ❀ 성도의 자세	172	

당신이 도와줄 이웃은 당신 가까이 있습니다.

갈라디아서 설교노트
Sermon Note on Epistle to Galatians

01 갈라디아서 이해 서문 (갈 1:1)

갈라디아서는 교회의 영적 부흥을 위한 서곡과도 같은 귀중한 복음서이다.

갈 1:1 사람들에게서 난 것도 아니요 사람으로 말미암은 것도 아니요 오직 예수 그리스도와 및 죽은 자 가운데서 그리스도를 살리신 하나님 아버지로 말미암아 사도 된 바울은 Paul, an apostle, (not of men, neither by man, but by Jesus Christ, and God the Father, who raised him from the dead;)

로마서에 이어 갈라디아서를 공부하고자 한다. 그 이유는 갈라디아서가 로마서 행간의 의미를 보충해 주는 매우 귀중한 사도 바울의 서신이기 때문이다. 갈라디아서는 로마서와 마찬가지로 기독교 교리를 매우 심층적으로 다루고 있다. 갈라디아는 터키 중남부 지방의 옛 명칭이다. 사도 바울이 처음으로 이방인 선교를 떠났을 때(1차 전도 여행), 세워진 교회들이 주로 갈라디아 지방의 교회들(더베, 이고니온, 루스드라, 안디옥)이었다. 갈라디아 서신의 핵심은 구원이 오직 믿음으로 말미암는다는 교훈과 하나님의 은혜로 값없이 주어진 자유함을 거룩하게 지키라는 교훈이다. 의외로 간단해 보이는 사도 바울의 복음 내용이 그 당시의 거짓 선지자들에 의해 변질되고 있을 때, 교회는 영적 권능을 잃어가고 있었다. 그래서 사도 바울은 갈라디아 지방의 성도들에게서 다시금 진리를 생각나게 할 필요가 있어 이 서신을 쓰게 되었다. 어쩌면 갈라디아서는 교회의 영적 부흥을 위한 서곡과도 같은 귀중한 복음서이다.

오늘날의 교회들이 세상으로부터 비난을 받고 영적 능력을 상실해 가는 가장 중요한 원인들 중의 하나가 예수 그리스도의 복음의 진리에서 벗어난 때문이다. 현재의 많은 교회들이 진리를 가르치지 않는다는 사실에 유의해야 한다. 많은 사람들이 이러한 사실을 쉽게 받아들이지 못하고 있다. 어떻게 교회가 성경을 가르치지 않는다는 말인가? 주일날마다 교회에서 선포되는 수많은 설교들이 성경 내용이 아니었던가 라며 그들은 반문한다. 교회가 성경을 인용하여 사람의 사상과 철학 그리고 인본주의 도덕과 문화를 전파하는 데 온 전력을 투구하고 있다. 20세기 중엽부터 교회는 자신이 속한 사회를 변혁해 가는 그래서 사람이 살기 좋은 사회를 지향하는 데로 모든 여건을 집중하였다. 그리고 교회의 그러한 변화는 당시 그리고 지금도 사람들의 귀와 눈에 좋았고 보암직했다. 세상 속에 파고드는 교회의 헌신과 봉사가 교회의 중요한 사명이 되고 말았다. 사람들은 실천하는 교회의 지도자들을 칭송하고 그들의 열심을 높이 평가하였다. 교회는 사회를 올바르게 선도하기 위해서 정치적 결단과 군중적 동원을 어렵지 않게 수행하였고 그 결과 사회는 좋아지는 것처럼 보였다. 교회는 현 세상을 천국으로 바꾸려는 부단한 노력을 기울인 것이다.

오늘날 대부분 교회들 안팎에서 일하는 직분자들이 가지는 중요한 종교적 사상은 성경 말씀대로 실천하는 것이 하나님의 가장 원하시는 뜻이라는 사상이다. 그들은 네 이웃을 네 몸과 같이 사랑하라는 율법의 총체적 행동 강령을 몸소 실천하는 것이 사람의 가야 할 길이라고 믿는다. 그리고 그들은 그들의 실천을 실행할 광야(사회)를 찾아 나선다. 그들은 주일날마다 교회로 돌아와 다시 그들의 실천해야 할 다음 덕목에 귀기울인다. 그들은 마치 무장된 수호천사와도 같이 고상하고 고결해 보인다.

21세기 현대 사회의 또 하나의 현상은 휴대폰, 인터넷과 같은 통신 매체를 통한 신속하고도 광범위하게 결집되는 의견 수렴이다. 개인적으로 달성하기 어려운 것도 집단적인 매체를 통해 이루고 마는 것이 가능해졌는데, 이러한 경조가 좋은 결실을 맺기도 하지만 때때로 돌이키기 어려운 오류에 집단적으로 빠질 우려를 갖게 되었다. 바벨탑 사건을 우리는 언제나 기억하여야 한다. 세상 사람이 추구하는 인간 집단주의는 하나님의 통치와 인도를 거부하려는 본성을 따라 움직여 나간다. 교회라는 성도들의 집단은 세상 사람들이 생각하는 인본주의적 집단주의 사상과는 다른 의미의 기독교적 집단주의 사상을 가져야 한다.

눈에 보이는 사회적 변화나 변혁으로의 추구로 인해 자칫 그릇된 길에 빠질 수 있는데, 현대의 교회들이 그 같은 수렁에 이미 심각하도록 깊이 빠져 있다. 그들은 하나님의 진리 혹은 하나님 자신이 없는 사회를 만들어가고 있다. 아니, 교회가 세상 사람들이 추구하려는 '하나님 없는 사회 만들기'에 직·간접적으로 동참하고 있다는 사실이다. 교회는 하나님도 교회도 필요 없는 사회를 만드는 데 자신의 온 전력을 간접적으로 소모한 셈이다. 그러면서 정작 교회의 성도들이 하나 둘씩 교회를 등지고 있다. 왜냐하면 지금 같은 교회의 수준이라면 차라리 세상이 더 낫다고 판단하였기 때문이다. 교회가 진리의 소금과 빛의 역할에서 완전히 빗나가고 말았다. 교회가 전 인류에게 가장 필요한 진리의 전파를 스스로 막은 것이 오류의 첫 걸음이었다. 원래 사람이란 진리를 거부하려는 본능을 가진다. 그러한 사람에게 진리를 전파하기보다는 천국 같은 세상을 그려주고 만들어 보이는 것이 쉬웠는지 모른다. 그러면서 교회는 마침내 진리를 상실하고 말았다.

그래서 사도 바울의 갈라디아서는 현대의 교회들에게 더욱 귀감이 되는 복음 서신들 중의 하나이다. 진리로 돌아오라. 그리고 진리에서부터 다시 시작하라. 이것이 갈라디아서의 핵심 사상이자 내용이다.

서신을 쓰는 첫 머리에서 이 같은 내용을 곧바로 담기란 쉽지 않다. 갈라디아서 저자인 바울은 자신이 사도가 된 것이 사람의 뜻이 아닌 전적으로 하나님의 뜻이라는 말을 매우 강조하여 사용하고 있다. 문자적으로 사도직이 무엇이며 다른 제자들과 달리 어떤 권한이 있는지에 대해 여기서 설명하지 않겠다. 다만 분명히 짚고 넘어가야 할 사항은 사도 바울에 의해 저술된 갈라디아서는 성령님의 감동으로 기록된 하나님의 말씀이요 진리라는 사실이다. 많은 이단들과 적그리스도들이 성경을 부정하는 수단으로 저자의 권위를 들먹거렸다. 성경의 저자는 하나님이시다. 성경은 하나님에 의해 선택된 특정한 사람들에 의해 기록된 하나님의 진리(말씀)이다. 성경을 믿지 않으려는 무리들은 성경을 기록한 소위 특정한 사람들의 성직을 의심하거나 부정하려고 하였다. 예를 들어 갈라디아서를 기록한 사도 바울의 경우, 거짓 교사들은 바울의 사도직 자체를 부정함으로써 갈라디아서를 부정하려고 시도하였다. 또 어떤 극단주의자들은 자신의 영험을 하늘에서 내린 것으로 믿고 성경 외의 다른 책들을 기록하며 그것들이 성경의 일부라고 주장하였다.

사도직은 결코 사람이 정하지 못할 직분이다(행 1:21-26). 사도는 예수님께서 살아 계신 당시에 선택 받은 열두 제자들로써 예수님의 부활하심을 증거할 수 있는 사람이어야 했다. 예수님을 배반한 가룟 유다를 대신해서 맛디아가 제비 뽑는 형식으로 선정되었으므로 사도는 열두 명이어야 했다. 그런데 예수님께서는 자신을 핍박하던 사울이란 청년을 회심시키시고 친히 사도로 개조하셨다. 그 후 복음주의 기독교회는 오직 13명의 사도만이 이 세상에 존재하였음을 천명하였다(참고: 협의적인 기준에서 그렇다. 그런데 광의적인 기준으로는 모든 성도가 사도라고도 할 수 있다). 그런데 맛디아는 11명의 사도들이 보고 듣는 자리에서 제비 뽑힌 인물인 데 반해서 바울에 대해서는 어떻게 사도로 선정되었는가에 대한 설명이 없다. 다만 성경은 예수님께서 바울을 이방인들을 위한 사도로 삼으셨다고 증거하고 있다(갈 2:8). 이에 대해 어떤 이들은 반론하기를 바울을 이방인들을 위한 사도로 삼으셨다는 증거가 사도 바울 자신에 의해 기록된 갈라디아서 서신이 아니냐고 반문한다.

> 갈 2:8 베드로에게 역사하사 그를 할례자의 사도로 삼으신 이가 또한 내게 역사하사 나를 이방인에게 사도로 삼으셨느니라.

만약에 바울이 사도가 아니었다면 기존의 열두 사도들은 바울을 사도로 인정치 않으려는 공식적인 거부를 기록하였을 것이다. 하지만 사도들은 바울이 이방인에게 보냄을 받기 위해 예수님으로부터 사도로 부르심을 받았다고 간주하였다. 사도직에 관해 가장 논란이 되는 부분이 바나바에 관한 것이다(행 14:4, 14). 바나바가 어떻게, 왜, 사도로 불렸는지 성경은 기록하지 않고 있다. 바나바가 사도 바울과 더불어 1차 전도 여행을 다니면서 사도 바울과 동일한 직위로 불려진 것으로 추측된다. 바나바는 사도가 아니었다. 바나바와 달리 바울은 예수님을 직접 보고 예수님으로부터 진리를 직접 배운 사도였다(고전 9:1-2; 갈 1:12). 다른 사도들과 달리 사도 바울은 예수님의 직접적이고도 특별한 교육을 받은 사도였음을 각별히 기억해야 한다. 사도 바울은 구약 성경을 꿰뚫어 보는 안목을 배웠으며 그래서 신약 성경의 여러 서신들을 기록하여 진리의 말씀으로 남겼다. 사도 바울은 철저히 율법주의의 전통을 계승한 지식인이면서 또한 확고한 복음주의의 신학을 이방 전도의 삶으로 체득하여 확립시킨 선교사였다. 아직도 사도 바울의 신학관을 거부하는 많은 기독교인들이 있다. 하지만 우리는 갈라디아서를 공부하며 사도 바울의 신학 사상을 알아갈 것이다.

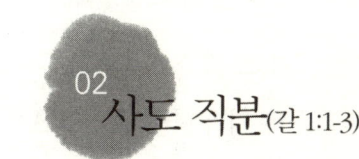

02 사도 직분(갈 1:1-3)

예수님께로부터 사도의 직분을 직접 부여받은 것이기에
사도 바울의 사도 직함은 남다른 곡절이 있었던 것이다.

갈 1:1 사람들에게서 난 것도 아니요 사람으로 말미암은 것도 아니요 오직 예수 그리스도와 및 죽은 자 가운데서 그리스도를 살리신 하나님 아버지로 말미암아 사도된 바울은 Paul, an apostle, (not of men, neither by man, but by Jesus Christ, and God the Father, who raised him from the dead;)

갈라디아서 뿐만 아니라 다른 서신들에서도 사도 바울은 한결같이 자신이 하나님의 은혜로 사도되었음을 강조하고 있다. 그러면서도 갈라디아서에서는 사람들에게서 난 것도 아니요 사람으로 말미암은 것도 아니었음을 강조하고 있다. 오직 자신은 예수 그리스도와 하나님 아버지로 말미암아 사도가 되었다는 사실이다. 사도 바울은 그가 처음 예수님을 만나게 된 그 회심의 날을 잊을 수 없었다. 예수님을 적극적으로 핍박하던 그가 완전히 돌아서게 된 것은 그가 예수님을 만났기 때문이었다. 예수님의 강권하신 인도하심에 그는 철저히 굴복되었다. 그는 하나님께서 예수님을 죽은 자 가운데서 살리셨다고 주장하는 기독교인들의 외침에 반발하여 기독교인들을 철저하게 핍박하던 장본인이었다. 그가 알았던 하나님께서는 육신의 아들을 가지실 수 없는 고결하신 분이기에 하나님의 아들이라 일컫는 예수를 도저히 선지자로 인정할 수 없었다. 더구나 십자가에 달려 죽은 자가 다시 살아나다니! 사울이란 청년은 그래서 살기등등하게 기독교인들을 핍박하게된 것이다. 하나님을 모독하는 죄명으로 말이다. 그런 사울이 다메섹 도상에서 예수님을 만났다. 사람마다 예수님을 만나는 갖가지 모양들이 있으나 사울의 경우는 매우 극적이었다. 하늘로부터 나타난 강렬한 빛은 그의 눈을 멀게 하였고 그의 눈은 다른 성도가 드리는 간구의 안수 기도를 들으며 다시 회복되었다. 그 후 사울은 예수님으로부터 친히 복음의 진리에 대해 가르침을 받았다. 그리고 예수님께로부터 사도의 직분을 직접 부여 받은 것이기에 사도 바울의 사도 직함은 남다른 곡절이 있었던 것이다.

여기 1절에서 보여주듯이 기독교 진리 혹은 교리의 핵심은 부활 사상이다. 죽은 자의 부활, 이것이 기독교의 핵심이다. 전지전능하신 하나님께서는 죽은 자도 다시 살리실 수 있다. 부활에 대해 바리새인들도 이미 구약 성서를 통해 익히 아는 바였다. 하나님이시라면 충분히 그러실 수 있기 때문이라며 인정하기란 어렵지 않았을 것이다. 그런데 그들에게 예수 그리스도의 부활은 다른 차원의 얘기다. 예수님께서는 유대인들의 송사로 말미암아 죄인으로 정죄받아 죽임을 당했던 자이기에 소위 거룩한 부활을 체험할 수도 참예할 수도 없어야 했다. 그러한 유대인들의 전통과 정서와는 달리, 기독교인의 주장에 따르면 죄인으로 정죄받았던 예수님을 하나님께서 부활시켰다는 것이다. 의인도 아닌 죄인을 말이다. 그래서 예수님의 부활에 대한 소식에 대해 유대인들은 매우 의미심장한 역반응을 보여

주었다. 그들의 전통적인 신앙관과 배치됨에 따른 역반응이었다. 그들이 고수해 온 오랜 신학 사상의 전통을 송두리째 바꿔야 했다. 그들이 틀렸고 역으로 그들이 반대하는 기독교인들의 신학 사상이 옳다고 인정해야 했다. 사울이 기독교를 인정하였을 때 그는 구약의 계시가 모두 예수님 안에서 성취되었음을 비로소 깨닫게 되었다. 사도 바울의 서신들이 그리고 신약 성서와 구약 성서들이 모두 지향하는 것은, "사람이여, 하나님을 알라!"는 것이다. 죄인의 구원을 위한 십자가의 구속 그리고 부활과 재림 등등 모든 일련의 교리들은 한 목적성을 갖는다. 즉 "성도여, 하나님을 깨달아 그분을 올바르게 경배하라!"는 목적성이다.

 교회들이 얼마나 이 같은 단순하고도 명료한 사실에서 벗어나 있는지 모른다. 교회라는 조직과 구성원들을 위한 순종과 헌신이 알게 모르게 강요되고 있다. 하나님을 기쁘게 하려는 온갖 봉사와 섬김의 연출 속에 막상 하나님에 대해서는 아무것도 아는 바가 없다는 사실이다. 성경의 지극히 간단한 몇 가지 믿음의 신조들만을 외우면 성도로 인정을 받고 그 후론 교회를 위해 열심을 내어 살아야 하는 것이 교인들의 현주소가 아닌가? 교회라는 집단에서 소외당하기 두려워하는 교인들의 눈과 귀를 멀게 만들고 있다. 하나님의 뜻이 하나님의 말씀대로 순종하는 것이라며 성경을 인용하여 사람들을 교회의 충성자로 개조해 간다. 하나님의 성품이나 의도와는 전혀 다른 길이 모색되어도 이를 깨닫지 못하고 있다. 이제 사도 바울은 또다시 갈라디아서를 통해 진리를 생각나게 하고자 하였다.

 다윗은 한 평생을 전쟁터에서 보낸 대왕이었다. 그는 다른 사람에게 수종드는 위치에 있지 않았다. 그는 명령을 내리는 대장이었다. 그러한 다윗

왕이 성령님의 영감을 받아 기록한 시편을 읽어보라. 밤이 새도록 혹은 새벽이 이르기 전에 그가 깨어 궁구하고 묵상한 하나님을 생각해보라. 그가 발견한 하나님께서는 실로 거룩하신 창조주이시요, 전지전능한 만왕의 왕이셨다. 시편은 하나님의 위대한 절대성을 칭송하고 있다. 성도는 무조건적으로 낮은 자리를 찾아가 예수님의 겸손을 전파하는 무리가 아니다. 성도는 무엇보다도 먼저 하나님의 위대하고도 광대하심을 묵상하고 이를 재해석하여 하나님의 영광을 발견하는 사람들이다. 그 말할 수 없이 영광스런 하나님의 충만이 성도에게 깨달아질 때에 성도는 비로소 하나님을 경배하고 찬양하게 된다. 다윗이 밀한 바 큰 소리 나는 세금, 높은 소리 나는 제금으로 하나님을 찬양하라 함은 사람의 심령 속에서부터 터져 나오는 찬양이 아름답다는 것이다. 남녀노소 할 것 없이 성도라면 누구나 온 힘과 정성을 다해 하나님을 찬양하며 경외하게 마련이다. 한꺼번에 울려 나오는 찬송 소리는 마치 제금들의 불협화음처럼 들리는 거북할지 몰라도 하나님께서는 진실로 그들의 찬양을 기뻐하셨으리라. 오늘날 인위적으로 연습하여 화음을 맞춰 부르는 성가대의 찬양 소리에 익숙해지고 길들여진 교인들은 인간의 성대가 가져오는 소리의 아름다움에만 도취되는 경향이 있다. 하지만 옷을 벗어가며 열이 나도록 춤추며 찬송하는 다윗 왕의 찬양이 더 아름다운 이유는 찬양 자체보다 그에게 있어 분명한 경배의 대상과 찬양의 목적이 깨달아졌기 때문이었다.

시 150:5-6 큰 소리 나는 제금으로 찬양하며 높은 소리 나는 제금으로 찬양할지어다. 호흡이 있는 자마다 여호와를 찬양할지어다. 할렐루야!

교회의 머리 되신 예수님께서 교회 즉 성도를 하나님 보시기에 거룩하고 흠이 없는 성도들로 세워가려 하신다(에베소서). 과연 무엇이 하나님 보시기에 거룩하고 흠이 없는 모습일까? 이름도 빛도 없이 낮은 데에 처하여 어려운 이웃의 등불이 되어주는 고행자의 모습일까? 이것이 교회가 지향해야 할 방향일까? 시편의 다윗처럼 하나님을 묵상하고 하나님을 알고자 궁구하는 성도의 모습은 아닐까? 교회 지도자들은 말하기를 성경을 많이 아는 것은 머리만 크게 할 뿐이라며 행위와 균형 있게 조율해야 한다고 말한다. 과연 그럴까? 우리는 차분히 자신을 가라앉히고 내가 얼마나 주님을 상고하는지 반문해 보자. 내가 과연 얼마나 주님의 마음을 헤아릴 줄 아는가. 의외로 많은 교회들의 설교들은 내가 주님을 생각하도록 여유를 주지 않는다. 그들은 언제나 세상에 나아가 행동할 것을 주문한다. 하나님을 올바르게 생각하는 성도라면 자신의 행동과 처신 그리고 자기의 나아갈 바 방향과 길을 분별하게 된다. 하나님을 한없이 깊이 생각해 본 성도는 산다는 것의 의미와 하나님의 기뻐하심의 의미를 깨닫는다. 그래서 그들의 행동과 자취는 무겁고 신중하다. 사도 바울의 생애는 비록 험하고 고난스러웠지만 그의 길 속에 하나님께서는 분명 함께 하셨고 그의 사후 기독교는 유럽 전역으로 전파되었다. 지금 당장의 예배로 성도의 의무가 다 해지는 것이 아니다. 성도에게 가장 중요한 것은 하나님을 알아가는 것이다. 그럴 때 비로소 성도는 하나님의 원하시는 뜻을 깨달아 자신의 나아갈 다음 길을 순종하며 나아가게 된다.

갈 1:2-3 함께 있는 모든 형제로 더불어 갈라디아 여러 교회들에게 우리 하나님 아버지와 주 예수 그리스도로 좇아 은혜와 평강이 있기를 원하노라.

참다운 은혜(Grace)와 평강(Peace)은 하나님께로부터 온다. 진리의 복음을 들어 접하고 믿게 된 것이 오직 하나님의 은혜로 가능했음을 알아야 한다. 해 아래 수고하는 사람의 모든 곤고 가운데서 심령의 평강을 누릴 수 있는 것도 마음의 평안을 주시는 하나님이 계시기 때문에 가능하다. 만약에 하나님이 계시지 아니하시다면, 그래서 인생이란 단순한 자연의 윤회일 뿐이라면 사람은 어떤 의미와 소망을 가질 수 있을까? 어떤 종교들은 무의미와 무소망 자체를 숭배하기도 한다. 흘러가는 강물처럼 세상 풍파에 휩쓸려 살다가 죽을 뿐이다. 그러나 기독교는 이 세상이 하나님에 의해 무로부터 창조되었음을 믿는다. 인류의 역사는 오류의 전철을 되풀이하며 대립과 갈등을 쉬지 않을지라도, 하나님께서는 분명한 목적을 가지고 이 세상을 창조하셨으며 그 분의 의지와 계획대로 이 세상의 운명을 정하고 이끌어 가신다. 세상 사람들이 보기에는 마치 인류가 역사의 주인공인 양 행세하지만 역사의 주관자는 하나님이시다. 하나님의 창조물을 인류는 파괴하고 정복하며 죄와 악으로 채우고 또 채우고 있다. 하나님께서는 때가 되면 그 분의 오염된 창조물을 온전하게 회복하실 것인데 그 회복의 약속과 성취가 바로 십자가에 달리신 하나님의 아들 주 예수 그리스도이시다.

03 사도 직분 Ⅱ(갈 1:4-12)

하나님 중심의 목회가 궁극적으로 교회와 성도들에게
유익과 기쁨을 가져온다는 사실이다.

갈 1:4-5 그리스도께서 하나님 곧 우리 아버지의 뜻을 따라 이 악한 세대에서 우리
를 건지시려고 우리 죄를 위하여 자기 몸을 드리셨으니 영광이 저에게 세세토록
있을지어다 아멘.

기독교는 먼저 하나님을 창조주로 인정하는 데서 출발한다. 우주가 수십 수백 억년에 걸쳐 서서히 자연 발생적으로 생겨났다고 가르치는 현대의 진화론적 교육과 철학 사상을 배운 사람이라면 누구라도 하나님을 창조주로 연상하기가 쉽지 않다. 더구나 성경을 접하여 본 적이 없는 사람이라면 스스로 생각하기를 이 세상이 하나님의 창조물이라고 결론짓기란 거의 불가능하다. 그런데 성경과 하나님에 대해 전혀 들어보지 못한 많은 인류들이 만들어낸 (지금도 만들어 내고 있는) 수많은 종교들은 도대체 어떻게 설명해야 할까? 그들은 모두 형이하학적인 물질 위주의 현상과는 다른 차원의 세계를 상상하며 구도하였고 그들을 만족시켜줄 종교심과 제도, 형식을 만들었다. 그들 신앙과 종교의 공통점은 병과 죽음에 대한 해탈을 지향한다는 점이다. 사람에게 생로병사가 있고 이 세상에 선과 악이 존재한다는 자연스런 사실을 설명해주고 죽음 너머의 대안을 제시해줄

수 있는 종교를 만들지 않으면 안되었다. 이러한 종교들은 한결같이 이 세상이 자연히 생성됐다고 규정짓지 않는다. 만약에 세상이 수십 수백 억년에 걸쳐 자연스럽게 생성된 것이라면 그들의 종교 사상도 자연스럽게 형성된 현재의 풍조요 요망일 뿐이기 때문이다. 불교처럼 처음도 끝도 없는 무한대의 윤회 사상이나, 착하고 선하게 살다가 가는 극락 사상은 죽음을 능가하려는 인류의 여망을 가지고 만들어졌다. 그러면서 다른 수많은 철학과 사상이 그리고 종교가 인류의 역사에 잠시 등장했다가 사라지곤 하였다.

그런데 기독교는 먼저 이 세상이 하나님에 의해 창조되었음을 성경의 첫 페이지에서부터 선언하고 있다. 창조주 하나님 사상을 접하는 순간부터 사람은 누구나 고뇌하지 않을 수 없는 여러 근본적인 문제들을 알게 된다. 모든 생물이 왜 늙고 병들고 죽어야만 하는가, 인간은 무엇 때문에 태어나고 왜 살아야 하며 죽음 후에는 어디로 가는가 등등의 문제들이다. 기독교는 이들 문제들에 대해 극명하도록 간단히 답한다. 그 답의 시작이 바로 창조주 하나님 사상이다. 창세기부터 시작된 성경의 구약과 신약 성서들은 창조주 하나님에 의해 창조된 이 세상이 어떻게 죄와 악으로 오염되었는지 설명하고 있다. 성경은 인간 구원을 위한 하나님의 약속과 그 신성한 약속의 성취를 오랜 세월에 걸쳐 기록한 하나님의 진리(말씀)이다. 여기 갈라디아서 1장 4절은 왜 이 세대가 악한지, 어떻게 악하게 되었는지, 악한 사람의 결국은 무엇인지를 모르고서는 설명이 되지 않는다. 갈라디아 지방으로 이방인 선교를 나갔던 사도 바울과 바나바는 처음 만난 이방인들에게 창조주 하나님 사상과 교리를 처음부터 설명하며 가르쳤고 그 결과 사도 바울의 서신은 그러한 창조 역사의 내용을 처음부터 다시 반복할 필요까지는 없었다. 인류의 탄생과 죄악의 생성, 그리고 죽음과 심판에 대한 사전 설명이 없이 곧바로 예수 그리스도를 전파하기란 어불성설이 되고 만다. 4절은 인간의 구원 즉 죄사함을 위해 십자가에 달리신 예수님을 설명하고 있다. 예수님께서는 하나님 아버지의 뜻(의지)을 실현하고자 이 땅에 오셨다. 여기까지 갈라디아 지방의 교회들이 모르는 바가 아니었다. 갈라디아 지방 교회들의 성도들은 예수님이 누구신지, 왜 그들의 죄를 위해 죽으셨는지 잘 알았다. 그리고 영광을 왜 예수 그리스도께 돌려야 하는지도 분명히 알고 있었다.

> 갈 1:6-9 그리스도의 은혜로 너희를 부르신 이를 이같이 속히 떠나 다른 복음 좇는 것을 내가 이상히 여기노라. 다른 복음은 없나니 다만 어떤 사람들이 너희를 요란케 하여 그리스도의 복음을 변하려 함이라. 그러나 우리나 혹 하늘로부터 온 천사라도 우리가 너희에게 전한 복음 외에 다른 복음을 전하면 저주를 받을지어다. 우리가 전에 말하였거니와 내가 지금 다시 말하노니 만일 누구든지 너희의 받은 것 외에 다른 복음을 전하면 저주를 받을지어다.

그런데 갈라디아 교회들의 성도들에게 문제가 발생하였다. 그들이 다른 복음을 좇는다는 문제였다. 사도 바울과 바나바가 전한 복음은 무엇이며, 갈라디아 지방 교회 성도들이 새롭게 좇는 복음은 또 무엇인가? 사도 바울 자신을 포함해서 하늘에서 내려온 천사라도 전해선 안 될 다른 복음은 얼마나 저주스런 것이기에 두 번씩이나 연거푸 강조하지 않으면 안 되었던가? 갈라디아 교회들의 성도들은 예수님에 대해 모르는 바가 아니었다. 그들은 예수님의 대속이 그들의 죄 때문이라는 사실을 믿는 성도들이었다. 그런데 그들에게 어떤 잘못된 무리가 발생하였다. 그들은 사도 바울과 바나바가 처음 전한 복음을 변질시키고자 시도했고 벌써 많은 사람들이 그 무리에 속하고 말았다. 그 이단 무리들은 복음을 변질시키면서, 처음 그들이 알게 된 기독교 복음을 전했던 바울의 사도직을 의심케 함으로써 바울이 전했던 복음이 잘못됐고 그들이 이를 제대로 수정하고 있다고 교회 성도들을 선동하였다. 그들의 선동으로 갈라디아 교회들은 혼동과 요란에 빠지게 되었다. 이 문제를 해결하는 첫 걸음은 바울의 사도직이 하나님의 권한에 의한 것임을 해명하는 것이었다.

> 갈 1:10-12 이제 내가 사람들에게 좋게 하랴 하나님께 좋게 하랴 사람들에게 기쁨을 구하랴. 내가 지금까지 사람의 기쁨을 구하는 것이었더면 그리스도의 종이 아니니라. 형제들아 내가 너희에게 알게 하노니 내가 전한 복음이 사람의 뜻을 따라 된 것이 아니라. 이는 내가 사람에게서 받은 것도 아니요 배운 것도 아니요 오직 예수 그리스도의 계시로 말미암은 것이라.

사도라는 직분은 초대 교회 당시 품위 있고 영예로운 직분이 될 수 없었던 고난의 직분이었다. 오히려 인간 사회에서 가장 말단의 자리에 처하여 사는 종의 신분으로 비유되고 있다. 종이란 노예를 말한다. 사도는 마치 그리스도 예수님께 노예가 된 종과 같은 신분을 자처하였다. 주인을 위해서라면 죽음도 마지않는 종이 된 것이다. 예수님의 종 된 사도 바울은 그의 목회 기간 동안 시종일관 하나님을 기쁘게 하는 예수님의 종이 되기를 바랐다. 현대 교회를 운영하는 많은 목회자들이 하나님보다는 사람을 기쁘게 하고 사람에게서 칭찬 받기를 구하고 있다. 교회를 처음 개척하는 목회자의 소박한 심령이 서서히 변해가는 이유는 어쩌면 교회 구성원들을 지나치게 의식하는 까닭에 있지 않을까? 성도에게 유익이 되게 하고 성도가 기뻐하는 모습을 구하려는 것이 결코 나쁜 것은 아닐 것이다. 그런데 사도 바울은 먼저 하나님께 유익이 되고 하나님께서 기뻐하심을 구한 결과 성도에게 유익이 되고 성도에게 기쁨이 된 열매를 가져온 것이다. 즉 하나님 중심의 목회가 궁극적으로 교회와 성도들에게 유익과 기쁨을 가져온다는 사실이다. 이를 모르는 바가 아님에도 불구하고 많은 목회자들이 사람 중심의 목회로 기울어지곤 하였다.

　사도 바울의 목회 경로를 살펴보면 그가 얼마나 철저하도록 하나님 중심의 목회를 일관하였는지 알게 된다. 그는 철저히 하나님의 뜻을 따라 목회를 실천한 예수님의 종이었다. 그가 처음 갈라디아 지방에 선교사로 파송되어 갔을 때 전한 복음을 그는 여전히 다른 지방에도 한결같이 전파하고 다녔다. 그가 전한 복음은 다른 사람에게서 받거나 배운 것이 아니었다. 이는 기독교 역사에서 매우 의미심장한 내용이다. 사도 바울은 특별히 예수님의 직접적인 계시를 받은 인물이었다. 그는 오직 예수님에게로부터 진리의 복음을 올바르게 계시 받았다. 사도 바울의 경우는 너무도 특이한 예수님의 역사하심이었으며 사도 바울의 경우를 일반화시키는 우를 범하여선 안 된다. 사도 바울 전후로 바울만큼이나 기독교 복음의 진수를 예수님께 직접 들은 사람은 없었다. 많은 이단들이 사도 바울에게 있었던 특별 계시를 일반화시키어 자기들에게도 발생하였다고 주장하나 이는 모두 거짓 주장이다. 사도 바울은 구약의 하나님 예언과 십자가에서의 예언 성취를 통틀어 꿰뚫어 보는 진리의 안목을 예수님으로부터 직접 배웠으며 그가 갈라디아 지방에 처음 파송되어 가르친 복음은 가장 정통한 진리의 복음이었다.

사도 바울은 자신이 다른 유명한 율법학자나 선지자에게서 복음을 배우지 않았음을 강조하고 있다. 그는 자신이 직접 예수님께로부터 듣고 배운 계시의 복음을 참된 복음으로 간주하고 주장한 것이다. 바로 이 사실이 갈라디아 교회들의 거짓 교사들에게 빌미가 된 것이다. 그들은 사도 바울이 들은 직접 계시를 인정치 않으려 하였다. 만약 오늘날 자신이 하나님의 직접 계시를 받았다고 주장하면 그는 정녕 이단으로 낙인이 찍힌다. 하지만 그 잣대를 사도 바울에게 적용할 수 없다는 사실을 인정해야 한다. 하나님께서 사도 바울의 서신들을 묶어 신약 성서의 많은 부분에 할애하셨음을 초대 교회 교부들이 확인하였다.

04 사도직의 권위 (갈 1:13-2:2)

사도 바울은 그가 예수님으로부터 직접 계시받아 알게 된 복음의 진리를 그 누구에게도 인증받으려 하지 않았다.

갈 1:13-17 내가 이전에 유대교에 있을 때에 행한 일을 너희가 들었거니와 하나님의 교회를 심히 핍박하여 잔해하고, 내가 내 동족 중 여러 연갑자보다 유대교를 지나치게 믿어 내 조상의 유전에 대하여 더욱 열심이 있었으나, 그러나 내 어머니의 태로부터 나를 택정하시고 은혜로 나를 부르신 이가, 그 아들을 이방에 전하기 위하여 그를 내 속에 나타내시기를 기뻐하실 때에 내가 곧 혈육과 의논하지 아니하고, 또 나보다 먼저 사도 된 자들을 만나려고 예루살렘으로 가지 아니하고 오직 아라비아로 갔다가 다시 다메섹으로 돌아갔노라.

앞서 사도 바울의 사도직과 그가 전하는 복음의 내용은 사람에게서 받거나 배운 것이 아니었음을 강조하였다. 그는 계속해서 자신이 어떻게 예수님을 만났는지 간증하고 있다. 그리고 그가 어떻게 영적으로 성장하였는지 증거하고 있다. 사울이란 청년이 예수님을 만나기 전에는 기독교를 심히 핍박하던 사람이었다. 사울은 자신의 행동과 결의가 당연하다고 믿었고 그럴 수밖에 없었다. 그가 어려서부터 배운 유대교의 교리와 전통에 따르면 거룩하신 하나님께서 인생 같은 육신의 아들을 가지신다는 기독교인들의 주장 자체가 돌로 쳐 죽일 명분이 충분히 있고도 남을 신성 모독

죄에 해당하기 때문이었다. 더구나 십자가 형벌을 받고 죽은 예수가 다시 살아 부활하였다는 기독교인들의 주장은 유대교의 불인정이 틀렸을 뿐만 아니라 유대교가 하나님과 대적한 결과를 낳은 것이란 내용으로 사울이란 젊은 유대교 청년을 자극하기에 충분하였다. 혈기에 넘친 사울은 대제사장의 허락을 받아내면서까지 기독교를 핍박하는 데 지나치도록 앞장섰던 것이다. 유대교의 유전과 전통을 향한 그의 열심은 지나치기보다는 당연한 충성의 표현이었는지 모른다. 그러나 사울은 다메섹 도상에서 예수님을 만난다. 그리고 철저하게 무너졌다. 얼마나 비참하도록 낮아졌던가! 하나님을 거부하는 많은 사람들에게서 보는 어려움은 그들의 자만심이다. 자신의 생각과 능력을 신뢰하는 그들의 자만심 안에는 하나님을 거부하려는 인본주의가 깔려 있다.

> 엡 1:4-5 곧 창세 전에 그리스도 안에서 우리를 택하사 우리로 사랑 안에서 그 앞에 거룩하고 흠이 없게 하시려고, 그 기쁘신 뜻대로 우리를 예정하사 예수 그리스도로 말미암아 자기의 아들들이 되게 하셨으니.

사울은 창세 전에 이미 하나님께서 예정하신 인물이었다. 예수님께서는 다메섹 도상에서 가장 시기적절한 때에 사울에게 나타내 보이셨고 자신이 하나님의 아들 구세주 예수 그리스도이심을 깨닫게 하셨다. 사울은 특별히 이방인의 사도로 부름을 받기 위해 택정함을 받았다. 사울은 예수님의 갑작스런 출현을 납득하기 위해 그의 연갑자나 유명한 율법학자의 조언을 구하지 않았다. 그보다 먼저 사도 된 자들을 만나러 예루살렘으로 올라가지도 않았다. 그의 눈은 멀었고 그는 사흘 동안 식음을 전폐하며 그에게 나타나신 예수 그리스도를 홀로 생각하지 않을 수 없었다. 사울은 그의 눈이 다시 회복된 직후부터 예수님을 구세주라 증거하기 시작하였고, 예수님께서는 친히 그를 광야로 이끄시어 홀로 예수님의 계시를 받으며 배우도록 인도하셨다. 사도 바울로 변모된 그는 아라비아를 비롯해서 여러 이방인들이 거하는 외국 지방들(21절)을 지나며 예수님을 증거하였고 그의 증거는 예수님의 직접적인 계시의 능력으로 더욱 강력하고도 정교하게 다듬어졌다. 사도 바울의 기독교 복음은 결코 하루아침에 세워진 것이 아니었다. 그는 여러 세월에 걸쳐 예수님의 가르침을 받아야 했고 그의 정신은 그가 배운 계시의 복음을 인간의 언어와 논리로 정리하지 않을 수 없었다. 그가 받은 어떤 계시는 도저히 사람의 언어로 표현하기 어려운 것도 있었다. 사도 바울 자신도 오랫동안 몸 담아온 유대교의 교리와 전통이 구약 성서들에 바탕을 둔 것이기에 그는 예수님으로부터 구약에 기록된 하나님 약속이 무엇을 가리키는 것이었으며 그 약속의 예언들이 어떻게 실현되었는가를 처음부터 철저하게 배우지 않으면 안 되었다. 그러면서 사도 바울은 기독교 복음을 교리적으로 완성시켜 나갔다. 이는 기독교를 이론적으로 집대성했다는 것이 아니다. 진리의 말씀을 체계적으로 정리하여 구약 성서를 분명하게 깨닫는 지침서를 만든 것이다. 그가 깨달은 기독교 교리는 바로 십자가 교리였다.

갈 1:18-24 그 후 삼 년 만에 내가 게바를 심방하려고 예루살렘에 올라가서 저와 함께 십오 일을 유할 새, 주의 형제 야고보 외에 다른 사도들을 보지 못하였노라. 보라 내가 너희에게 쓰는 것은 하나님 앞에서 거짓말이 아니로라. 그 후에 내가 수리아와 길리기아 지방에 이르렀으나, 유대에 그리스도 안에 있는 교회들이 나를 얼굴로 알지 못하고, 다만 우리를 핍박하던 자가 전에 잔해하던 그 믿음을 지금 전한다 함을 듣고, 나로 말미암아 영광을 하나님께 돌리니라.

사도 바울이 잠시 예루살렘에 방문하게 된 적도 있었으나 사도 베드로와 주의 형제 야고보 외에 다른 사도들을 만나보지 못하였다. 이는 사도 바울의 마음에 세워진 교회상이 어떤 것임을 일부 짐작케 한다. 당시 교회의 기둥들과도 같은 사도들이 운집한 예루살렘에 찾아가 유명하다는 사도들로부터 자신의 목회 권위를 인정받으려 하지 않았다는 사실이다. 사도 바울은 자신이 전파하는 복음의 내용과 사도직의 권위가 모두 오직 예수님으로부터 말미암았음을 자랑스럽게 기록하였다. 그럼에도 불구하고 사도 베드로나 다른 사도들이 사도 바울의 사도직과 복음 전파에 문제를 제기하거나 이의를 달지 않았다. 그들은 사울이란 청년에서 변화된 사도 바울이 이방인들에게 예수 그리스도의 복음을 전파하는 것이 정녕 하나님의 일이었음을 알고 있었던 것이다. 그들은 사도 바울을 통해 발생하는 복음 전파와 그로 인해 하나님께 돌려지는 영광을 보았던 것이다.

> 갈 2:1-2 십사 년 후에 내가 바나바와 함께 디도를 데리고 다시 예루살렘에 올라갔노니, 계시를 인하여 올라가 내가 이방 가운데서 전파하는 복음을 저희에게 제출하되 유명한 자들에게 사사로이 한 것은 내가 달음질하는 것이나 달음질한 것이 헛되지 않게 하려 함이라.

사도 바울이 이방 선교와 복음 전파에 많은 기간을 소모한 후에 그는 예루살렘을 방문하게 되었다. 거기서 그는 예루살렘에 있는 많은 성도들에게 그가 어떻게 이방인들에게 복음을 전파하게 되었는지 선교 경위를 설명하였다. 그리고 그가 알고 있는 복음의 내용을 알려주되 공식적인 자리가 아닌 사사로운 자리를 빌려 알리었다. 사도 바울은 그가 예수님으로부터 직접 계시받아 알게 된 복음의 진리를 그 누구에게도 인증받으려 하지 않았다. 인증받을 필요가 없었기 때문이라기보다는 그의 복음에 대한 확신 때문이었다. 예루살렘에 거하던 소위 유명하다는 사람들 중에는 사도들도 있었을 것이다. 사도 바울은 그가 확신하는 복음의 진리를 전파하는 과정에서 함께 하신 예수님의 은혜와 능력을 깊이 체험한 까닭에, 그가 달음질하며 전파한 복음과 이방 선교의 내용들을 소위 유명하다는 예루살렘의 사도들에게서 다시 인증받으려 하지 않았던 것이다. 만약에 유명한 이들에게서 인증받아야 하는 것이라면 그가 그 동안 예수님과 더불어 살아온 복음 전파의 선교 생활 자체가 헛되게 될 수도 있는 것이 아니겠는가? 사도 바울이 가르친 복음의 내용의 일부라도 그릇된 것이라면 그가 달음질한 것이 헛된 것이요 그에게 계시해주신 예수님의 권위가 떨어짐은 자명한 것이다. 예루살렘 교회의 어떤 성도도 사도 바울이 알고 있던 복음에 이의를 달지 않았다. 왜냐하면 그의 복음은 완벽했기 때문이었다.

도대체 사도 바울이 가르친 복음은 어떤 내용이었을까? 우리는 이에 대해 앞으로 자세히 배울 것이다. 사도 바울은 철저하도록 예수님의 직접적인 계시를 받으며 살아갔다. 그래서 그의 서신들은 완전한 성경이 되었다. 그 당시 기독교 복음이 유대인들 사이에 먼저 퍼져가면서 몇 가지 의문들이 생겨났는데 그 중에 가장 자주 언급되던 문제가 율법과 복음 사이의 관계였다. 어쩌면 사도 바울은 오랜 구약 전통 사상에 젖어 있는 유대교 신봉자들의 신학 사상을 근본에서부터 뒤흔든 개혁자였는지 모른다. 구약에서 가르치는 율법과 십자가에 달리신 예수 그리스도로 인한 구속과 구원의 복음은 서로 상충되는 것처럼 보였다. 사도 바울은 율법과 복음은 상충이 아닌 보완의 관계임을 논리적으로 설명하면서 그의 신학 사상을 정립하는 데 많은 시간을 할애하지 않을 수 없었다. 그만큼 율법에 관한 전통주의 신학관은 뿌리깊었으며 사도 바울은 철저하게 율법과 복음이 어떻게 파생되고 전개되는지 교리적 체계를 세우게 되었다. 사도 바울의 교리적 체계를 알리시고 가르치신 분이 바로 예수님이셨다.

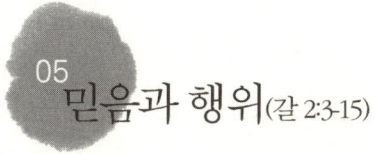

05 믿음과 행위 (갈 2:3-15)

참된 믿음은 올바른 행위를 동반한다.

갈 2:3-4 그러나 나와 함께 있는 헬라인 디도라도 억지로 할례를 받게 아니하였으니, 이는 가만히 들어온 거짓 형제 까닭이라 저희가 가만히 들어온 것은 그리스도 예수 안에서 우리의 가진 자유를 엿보고 우리를 종으로 삼고자 함이로되, 우리가 일시라도 복종치 아니하였으니 이는 복음의 진리로 너희 가운데 항상 있게 하려 함이라.

유대교 신봉자에게 기독교의 올바른 진리와 복음을 알리는 것은 철저하도록 율법에 바탕을 둔 기독 교리 전개로써 접근해야 한다. 유대인들에게 왜 그들의 생각이 틀렸으며 어떻게 수정해야 하는지 가르치는 일에는 적당한 감상주의나 신비주의를 배제해야 한다. 유대교나 회교도들은 스스로 매우 이성적인 관점에서 그들의 종교 신학사상 의식을 가지고 있기 때문이다. 갈라디아 교회들의 성도들을 흔들고 요란케 하던 소위 다른 복음은 전통 유대교에서 가르쳤던 할례에 관한 기독교의 입장 표명이 분명치 않은 데서 출발하였다. 갈라디아 교회들 안에 침투한 거짓 교사들은 기독교회 안에도 할례의 전통은 여전히 계속되어야 한다고 주장하였고 그들의 주장은 당시 유대인 출신의 기독교인들에게 공감을 얻고 있었다. 그들 거짓 교사들의 잘못된 발상과 거짓된 복음은 실상 기독교의 핵심을 뒤집으려는 음모를 품고 있었다.

2장 4절의 자유란 율법의 속박으로부터의 자유함을 말한다. 성도는 예수 그리스도의 보혈의 공로에 힘입어 죄로부터 해방된 사람을 일컫는다. 구약 시대에는 모세의 율법을 100% 완벽하게 지켜야 하는 율법의 굴레에서 누구도 벗어날 수 없었다. 그런데 예수 그리스도께서 율법의 요구를 100% 완전히 치러주심으로써 누구든지 예수님의 공로를 힘입으면 의인이 될 수 있는 길이 열렸다. 그 길은 바로 예수 그리스도를 구세주로 영접하는 것이다. 구원에 이를 만한 의가 예수 그리스도 안에서 성립되었기에 성도는 율법에서 자유로워진 것이다. 성도는 다시 율법 아래로 내려갈 이유가 없어진 사람이다. 그런데 갈라디아 교회들의 거짓 교사들이 잘못된 복음으로 성도들을 궤휼에 빠지도록 혼동을 야기하고 있었다. 구약의 율법을 여전히 지켜야 한다는 것이다. 이는 그 당시 뿐만 아니라 현대에 이르러서도 매우 그럴듯한 요구처럼 들린다. 많은 비기독교인들도 야고보서를 들먹이며 행위 없는 믿음은 죽은 믿음이니 하면서 행위를 강조한다. 행위라는 또 하나의 율법을 잘 지켜야 참으로 성숙한 그리스도인이라고 표현한다. 나는 참된 믿음은 올바른 행위를 동반한다고 설교한 적이 있다. 야고보는 바로 이런 참된 믿음을 강조한 것이다. 거짓된 믿음과 더불어 행하는 행위가 얼마나 많은 불의를 가져왔는지 역사는 증명한다. 갈라디아서는 참된 믿음이 어떤 것인지 계속해서 설명해 줄 것이다. 사도 바울은 갈라디아 교회들의 거짓 교사들이 주장한 잘못된 복음에 대해 일시라도 복종치 않았으며, 그 까닭은 성도가 항상 참된 복음 가운데 진정한 자유함을 누리길 원했기 때문이다.

21세기 현대에 들어서 교회들이 과거 중세기의 로마 가톨릭 시대로 회귀하는 인상을 지울 수 없다. 교회가 진리의 가르침 없이 행위를 강조하고 나섰다. 갈라디아 교회들의 거짓 교사들의 주장처럼 구약의 율법을 계속해서 준수하는 것이 더 경건하고 숭고한 일이라 했을 때, 이를 반대할 명분을 찾기란 쉽지 않다. 그런데 사도 바울은 단연코 이를 반대하였다. 성도씩이나 되면서 사회에 모범이 되는 행위의 실천을 가져야 성숙된 그리스도인이 되는 것이란 생각이 교회 안팎을 지배하고 있다. 그 결과 교회에서 겉으로는 거룩해 보이는 신자가 안으로나 그의 개인적인 삶에서 세상 사람보다도 더 못한 불의와 악행을 서슴지 않고 저지르고 있다. 율법이든 행위든 외면이 아닌 내면이 더욱 중요하다는 복음의 가르침을 먼저 알아야 올바른 실천이 가능해지는 법이다. 예수님께서 살아계신 당시의 바리새인이란 용어가 지금도 지식인들의 입으로 비유적으로 회자되는 이유는 그들 바리새인들이 위선과 모순의 삶을 살고도 스스로 정당화하였기 때문이다. 수년에서 수십 년 동안 교회를 다닌 신자들 중에 예수 그리스도와 진리에 대해 막상 무지한 엉터리 신자들이 부지기수임을 알아야 한다. 어떻게 이렇게까지 될 수 있었던가? 교회가 진리를 가르치는 초보적인 일과 원칙을 간과하였기 때문이다. 열심을 내어 봉사하는 신자들이 자연스럽게 진리를 깨친다는 것은 거짓이다. 만약에 그럴 것이면 하나님께서 구태여 성경을 그렇게 많이 기록되게 하실 필요도 없으셨다. 중세기의 로마 가톨릭교회들이 저지른 가장 큰 죄악은 성도에게 진리를 감춰온 것이다. 그와 유사한 죄악을 개신 교회에서 저지르고 있다. 그러면서 무지한 성도를 내몰아 교회를 위한 일꾼으로 개조해 가고 있다. 그 결과 교회에는 생명도 참된 열매도 없어졌고 다툼과 분쟁만이 만연해져 버렸다. 로마 가톨릭의 또 다른 죄악은 성경을 로마 가톨릭교회에서 인정한 신부들만이 라틴어로 가르치도록 만든 교회 제도였다. 오늘날 대부분의 개신 교회들도 신학교를 졸업한 사람에게만 목사 안수식이 가능하도록 제도화하고 말았다. 그 결과 교회에서의 예배 설교는 신학교 졸업증 소지자만이 가능하다는 공식을 전통화시켰다. 그래서 목회의 뜻이 있는 사람이라면 먼저 신학교부터 입학하여 소정의 교육 과정을 거치게 되었는데, 문제는 많은 신학교들이 비복음주의 신학 교수들에 의해 장악되고 있다는 충격적인 사실이다. 신학교는 원래 성경을 탐구하는 곳이어야 하고 그래서 가장 성경을 열심히 올바르게 가르치고 공부하는 학교라야 한다. 그러나 우리 주변에서 복음주의, 개혁주의 사관에 정통한 신학교를 찾기도 쉽지 않거니와, 신학교에서 공부한 사람들만이 교회에서 목사가 될 수 있다는 공식은 성경에서조차 찾을 수 없는 허식이다. (참고: 신학교마저 나오지 않고 누구든지 목회자가 된다면 지금보다 더 많은 이단과 혼란이 있을 수 있다. 다만 교회에서는 말씀을 바르게 깨닫고 성숙된 그리스도인이라면 누구든지 설교할 수 있다는 것이다. 설교자의 자질을 판단하는 것은 교회의 성도들이다. 그리고 판단의 기준은 오직 성경뿐이다. 중요한 것은 목회자가 자신의 생각만이 옳고 자기의 생각이 곧 하나님의 뜻이라고 주장하는 것이 잘못됐다는 사실이다.)

갈 2:6-10 유명하다는 이들 중에 (본래 어떤 이들이든지 내게 상관이 없으며 하나님은 사람의 외모를 취하지 아니하시나니) 저 유명한 이들은 내게 더하여 준 것이 없고, 도리어 내가 무할례자에게 복음 전함을 맡기를 베드로가 할례자에게 맡음과 같이 한 것을 보고, 베드로에게 역사하사 그를 할례자의 사도로 삼으신 이가 또한 내게 역사하사 나를 이방인에게 사도로 삼으셨느니라. 또 내게 주신 은혜를 알므로 기둥같이 여기는 야고보와 게바와 요한도 나와 바나바에게 교제의 악수를 하였으니 이는 우리는 이방인에게로, 저희는 할례자에게로 가게 하려 함이라. 다만 우리에게 가난한 자들 생각하는 것을 부탁하였으니 이것을 나도 본래 힘써 행하노라.

할례자(유대인)에게나 무할례자(이방인)에게나 하나님의 복음은 동일하다. 예수님의 제자였던 야고보와 베드로와 요한이 유대인들의 개종을 위한 사도였다고 해서, 그리고 바울과 바나바가 이방인들의 개종을 위한 사도였다고 해서 각기 다른 복음을 전파한 것은 아니다. 유대인이나 이방인이나 하나님의 은혜는 차별이 없다. 소위 예루살렘의 유명하다는 사도들조차 사도 바울에게는 다른 평범한 그리스도인과 다를 바가 없었다. 야고보와 베드로와 요한은 사도 바울에게 주신 하나님의 은혜를 분명히 보았고 알았다. 그래서 그들은 모두 주 안에서 하나 된 형제임을 인식할 수 있었다. 다만 전도와 선교의 효율성을 고려할 때 그리고 성령님의 인도하심을 따라서 바울과 바나바는 이방인들을 위한 선교사로 파송을 나간 것이다.

갈 2:11-15 게바가 안디옥에 이르렀을 때에 책망할 일이 있기로 내가 저를 면책하였노라. 야고보에게서 온 어떤 이들이 이르기 전에 게바가 이방인과 함께 먹다가 저희가 오매 그가 할례자들을 두려워하여 떠나 물러가매, 남은 유대인들도 저와 같이 외식하므로 바나바도 저희의 외식에 유혹되었느니라. 그러므로 나는 저희가 복음의 진리를 따라 바로 행하지 아니함을 보고 모든 자 앞에서 게바에게 이르되 네가 유대인으로서 이방을 좇고 유대인답게 살지 아니하면서 어찌하여 억지로 이방인을 유대인답게 살게 하려느냐 하였노라. 우리는 본래 유대인이요 이방 죄인이 아니로되

초대 교회 당시에 사도 바울이 사도 베드로를 면책한 사건은 매우 중요한 일이었다. 여기 14절에서 "복음의 진리를 따라 바로 행하지 아니함"이란 구절을 유념해야 한다. 앞서 말한 대로 참된 믿음은 올바른 행위를 동반한다는 사실이 바로 사도 바울의 인식이었다. 야고보나 바울이나 같은 참된 복음을 믿는 신앙 안에서 올바른 행위를 강조하고 있다. 진리에서 떠나 있는 신자들의 행위는 외식일 뿐이다. 그들은 사람을 두려워할 뿐 하나님을 두려워하지 않는다. 유대인들조차 모세의 율법을 온전히 지킬 수 없었는데 하물며 이방인들에게 어찌 모세의 율법을 지키라 요구하느냐는 것이 사도 바울의 면책 이유였다. 그러면서 16절 이하부터 율법과 복음의 관계를 재설명하고 있다. 사도 바울은 일찍이 사람이 의롭게 되는 것은 오직 예수 그리스도를 믿음으로써만이 가능함을 간파한 정통 개혁주의, 복음주의 신학자였다. '이신 칭의'이는 기독교 교리의 가장 중요한 핵심 사상이 되었다.

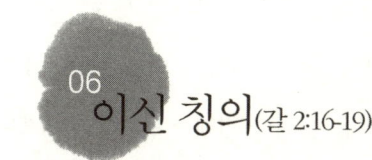

06 이신 칭의 (갈 2:16-19)

내가 아니라 바로 예수 그리스도께서 나를 자유롭도록
구속(구원)하신 것이다.

갈 2:16 사람이 의롭게 되는 것은 율법의 행위에서 난 것이 아니요 오직 예수 그리스도를 믿음으로 말미암는 줄 아는 고로 우리도 그리스도 예수를 믿나니 이는 우리가 율법의 행위에서 아니고 그리스도를 믿음으로서 의롭다 함을 얻으려 함이라 율법의 행위로서는 의롭다 함을 얻을 육체가 없느니라.

본절은 기독교의 가장 중요한 교리인 '이신 칭의'를 가리키고 있다. 믿음으로써 의롭다 칭함을 얻는다는 뜻이다. 유대인들은 모세의 율법을 행함으로 하나님 보시기에 의로워진다고 믿었다. 비록 그들이 100% 완벽히 율법을 준수할 수 없었어도 완벽에 근접하기 위해 부단히 노력하였고 혹시라도 알지 못하는 죄가 남아 있을까 하여 여분의 희생 제물을 드려서라도 하나님 앞에 모든 죄를 속죄하였다. 그러던 그들이 왜 외식하는 바리새인이라 불렸고 길가의 돌만도 못한 불의한 자라는 예수님의 질타를 받아야 했을까? 그들은 본의든 아니든 부모에게서 배운 유대교의 전통과 가르침을 평생 준수하려고 힘썼다. 그들에게 할례란 그들이 지켜오던 수많은 율법적 관습에 비하면 지극히 쉬운 의식이었다. 그럼에도 사도 바울은 이 방인들이 할례조차 받을 필요가 없다고 주장하였다. 그러한 사도 바울의 복음에 대한 견해는 유대인들에게나 유대교에서 개종한 기독교인들에게나 받아들여지기가 어려웠다. 사도 바울은 모세의 율법을 행위로써 지키는 것으로는 의로워질 수 없다고 말하고 있다. 왜냐하면 율법을 100% 온전히 다 지키지 못하면 하나님 나라에 합당하지 않을 뿐만 아니라, 실제로 율법을 100% 완벽하게 지킨 사람이 창세 이후 단 한 명도 없었기 때문이었다.

> 약 2:10 누구든지 온 율법을 지키다가 그 하나에 거치면 모두 범한 자가 되나니

그의 주장에 따르면 율법의 행위로는 의롭다 함을 얻은 육체가 없다는 것이다. 즉 율법의 행위가 아닌 예수 그리스도를 믿음으로써만이 사람이 의로워질 수 있다는 것이다. 이것이 구약에서는 명백히 언급되지 않는다. 구약의 하박국서 2장 4절에 나오는 '의인은 믿음으로 말미암아 살리라' 는 구절은 사람이 믿음으로만 의로워진다는 교리적 내용으로 이해되지 않았다. 악인은 망할지라도 의인을 살리는 것은 그의 믿음이란 내용으로 이해됐다. 그런데 갈라디아서 2:16에서 사도 바울은 사람이 의롭게 되는 것이 그리스도를 믿음으로만 가능하다고 명시하고 있다. 의인은 믿음으로 말미암아 살리란 것이 아닌 믿음으로 말미암아 의롭게 된다는 것이다. 이러한 사도 바울의 '이신 칭의' 교리를 유대인들은 쉽게 납득하기 어려웠다.

잠시 야고보서를 살펴보자.

> 약 2:21~26 우리 조상 아브라함이 그 아들 이삭을 제단에 드릴 때에 행함으로 의롭다 하심을 받은 것이 아니냐. 네가 보거니와 믿음이 그의 행함과 함께 일하고 행함으로 믿음이 온전케 되었느니라. 이에 경에 이른 바 아브라함이 하나님을 믿으니 이것을 의로 여기셨다는 말씀이 응하였고 그는 하나님의 벗이라 칭함을 받았나니, 이로 보건대 사람이 행함으로 의롭다 하심을 받고 믿음으로만 아니니라. 또 이와 같이 기생 라합이 사자를 접대하여 다른 길로 나가게 할 때에 행함으로 의롭다 하심을 받은 것이 아니냐. 영혼 없는 몸이 죽은 것같이 행함이 없는 믿음은 죽은 것이니라.

여기서 야고보는 참된 믿음은 올바른 행위를 동반한다고 말하고 있다. 유대인 아브라함이나 이방인 라합이나 모세의 율법을 알지 못한 상태였다. 아브라함은 하나님의 명령을 순종하였고 그의 순종의 행위로 그 아들 이삭을 제단에 드렸다. 그러면서 아브라함은 하나님께서는 능히 죽은 사도 다시 살리실 수 있음을 믿었고 그러한 그의 믿음이 하나님께 의로 여김이 된 것이다. 따라서 아브라함의 참된 믿음은 올바른 행위를 동반했던 것이다. 기생 라합은 상천하지에 여호와만이 유일한 참된 하나님 되심을 믿었으며 그녀는 자신의 참된 믿음을 따라 이스라엘 군사를 감춰주는 올바른 행위를 동반했던 것이다. 따라서 야고보가 말한 바, 사람이 믿음으로만 아니라 행함으로 의롭다 하심을 받는다는 구절은 사도 바울의 견해와 전혀 다를 바가 없다. 야고보는 예수 그리스도를 믿는 참된 믿음이라면 능히 행위도 올바르게 따라준다고 믿었다. 야고보는 '이신 칭의'를 수정하려

한 것이 결코 아니라 믿음 자체를 더욱 분명히 강조한 것이다. 거짓된 믿음은 불의한 행위를 가져온다. 거짓된 믿음을 가지고 어떻게 의로워질 수 있을까? 사도 바울은 그리스도를 믿은 참된 믿음을 가진 사람에게 구원의 의가 보장됨을 보여준 것이다.

믿음만 있으면 구원이 보장되었으니 무슨 죄를 저질러도 결국 용서받으리라는 안일한 생각은 처음부터 믿음의 대상되신 예수 그리스도와 진리 자체를 전혀 깨닫지 못했음을 반증하고 있다. 그러한 가짜 신자들이 교회에 얼마나 편만한지 모른다. 반대로 구원에 이르기 위해서 믿음만으로는 부족하니 행위의 열심을 보태어 확실한 구원을 보장받자는 심보도 그릇된 것이다. 후자는 하나님의 능력과 예수 그리스도의 약속을 사실상 믿지 못하는 것의 반증이다. 참된 믿음은 올바른 행위를 동반한다.

> 갈 2:17-19 만일 우리가 그리스도 안에서 의롭게 되려 하다가 죄인으로 나타나면 그리스도께서 죄를 짓게 하는 자냐 결코 그럴 수 없느니라. 만일 내가 헐었던 것을 다시 세우면 내가 나를 범법한 자로 만드는 것이라. 내가 율법으로 말미암아 율법을 향하여 죽었나니 이는 하나님을 향하여 살려 함이니라.

사도 바울의 신학 사상의 원칙은 오직 성경에서 말씀의 올바른 뜻과 이유를 찾는 데 있었다. 사도 바울이 참조한 성경은 대부분 구약 성경이었으며, 다른 제자들에게서 들은 예수님 생전의 말씀들 그리고 그가 직접 예수님에게서 배운 복음을 가지고 그는 기독교 교리 사상과 체계를 확립하였다. 그의 대표적인 기독교 교리가 '이신 칭의'였다. 그리스도를 믿음으로써 의롭다 함을 얻게 된다는 그의 주장은 기독교 교리의 가장 중요한 시작점이자 전환점이다. 그런데 17절에서처럼 만약 어떤 사람이 그리스도를 믿어 의롭다 함을 얻게 되었음에도 불구하고 그가 다시 율법을 어겨 죄인이 되어 버린다면 이를 어떻게 설명해야 하는가? 그의 그리스도 안에서의 의로움은 단순히 일회성으로 그치고 마는 일과성뿐인가? 그를 다시 죄인으로 만드는 율법의 요구가 계속해서 그의 의로움을 원점으로 되돌리고 파괴해 버리는 중요한 요인이 될 수밖에 없다면, 이는 상식적으로나 논리적으로 그리스도 예수의 십자가는 무능하고 도리어 의인이라도 죄의 유혹과 시험으로 인해 최종적으로 구원받을 수 없는 것이 되고 말 것이다. 과연 그리스도께서 성도를 다시 죄인으로 되돌리게 하는 율법의 권한으로부터 자유롭게 할 수 없는가? 만약에 그렇다면 그리스도께서 죄를 짓게 하는 자냐는 것이 사도 바울의 항변이었다. 결코 그럴 수 없다.

'이신 칭의'의 교리는 한번 구원은 영원한 구원임을 천명하는 교리이다. 물론 이를 잘못 해석한 이단들의 혼란은 추후에 언급하기로 하자. 하나님의 율법은 사람이 세운 것이 아니기에 사람의 힘으로 헐 수도 없다. 만일 내가 율법을 헐어 버릴 수 있고, 다시 내가 율법을 세울 수 있는 그런 의미의 율법이라면 이는 사실상 나를 정죄할 만한 능력도 없는 율법이 되고 말 것이다. 율법을 사람에게 주신 분은 바로 하나님이시다. 그 율법의 요구를 채우지 못하면 누구든지 반드시 하나님의 심판을 받아야 한다. 따라서 18절에서 언급되는 '내가 율법을 헐었다'는 말은 그리스도께서 나를 속박하던 율법으로부터 나를 자유롭게 구속하셨다는 뜻이다. 내가 아니라 바로 예수 그리스도께서 나를 자유롭도록 구속(구원)하신 것이다. 그래서 율법은 더 이상 성도에게 율법의 정죄 권한을 행사할 수 없게 되었다. 그런데 그러한 율법을 다시 세운다는 것은 무슨 말인가? 예수님께서 당신의 보배로운 피를 흘리시며 십자가의 대속으로 성도를 자유롭게 하셨는데, 이제 율법을 성도에게 다시 세우도록 하실 이유는 결코 없다. 또한 만일 예수님께서 헐어버리신 율법을 성도가 다시 세운다면, 이는 내가 스스로 나를 범법한 자로 만드는 것과 같이 되어버린다는 것이 18절의 해석이다. 그리고 18절의 부연 설명이 19절이다. 나는 원래 율법의 요구를 지킬 수 없어 율법의 요구(정죄)대로 죽었던 몸이다. 그러한 나를 하나님께서 십자가의 능력으로 살리셨다. 나는 전혀 율법을 온전히 지킬 수 없어 죽어야 마땅했는데, 하나님께서 그리스도의 십자가 도를 가지고 나를 살리신 것이다. 그러한 내가 어찌 나 자신을 율법 아래로 끌어 내려오게 할 수 있을까!

성도가 하나님 보시기에 거룩하고 의로운 삶을 사는 것은 율법을 지켜서 성취되는 것이 아니다. 성도는 이미 하나님 보시기에 의로워졌다. 예수님의 보배로운 피가 성도를 이미 깨끗케 하신 것이다. 그러면 성도는 어떻게 구체적으로 살아야 하는 것인가? 사도 바울은 이를 율법이란 용어가 아닌 행위의 온전함으로 표현하였다. 그만큼 유대교 전통적 사고방식의 틀 안에는 율법이란 결과를 수반하는 강제적 구속력을 가지고 있었다. 사도 바울의 많은 서신들의 다른 부분에서 성도의 온전한 삶에 대한 구체적 설명이 나온다. 그의 설명을 듣기 전에 성도는 먼저 율법적 구속에서부터 자유로워야 한다. 그리고 하나님을 바라보아야 한다. 성도가 진실로 율법에서 자유로워지고 나면 다시 방종의 길에 빠질 수 없다. 왜냐하면 성도에게는 이제 하나님을 바라보는 진리의 안목이 트여졌기 때문이다. 이러한 일련의 교리적 설명이 딱딱하게 전개되기도 하지만 갈라디아서의 결론은 아름답게 장식된다.

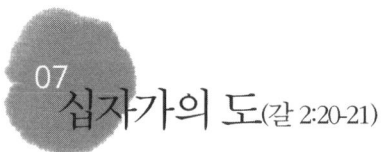

07 십자가의 도 (갈 2:20-21)

그 십자가 위에 달려 있는 육신의 모습은 내가 아니라
바로 예수 그리스도이시다!

갈 2:20 내가 그리스도와 함께 십자가에 못박혔나니 그런즉 이제는 내가 산 것이
아니요 오직 내 안에 그리스도께서 사신 것이라. 이제 내가 육체 가운데 사는 것은
나를 사랑하사 나를 위하여 자기 몸을 버리신 하나님의 아들을 믿는 믿음 안에서
사는 것이라.

    죄와 사망으로 나를 정죄하는 율법으로부터 나를 자유롭게 하신 하나님의 은혜가 구체적으로 이뤄진 곳이 십자가에서다. 십자가만큼 중요한 단어가 또 있을까마는, 현대에 이르러 십자가란 용어 자체가 무색해지도록 사람들은 십자가를 케케묵은 고전적 용어로만 간주하고 산다. 십자가는 하나님께서 예수 그리스도를 대상으로 인류의 죄악을 대신 징벌하신 심판대이다. 하나님께서는 인류 대신에 그 분의 가장 사랑하시는 독생자 예수 그리스도를 십자가에 못박혀 죽도록 내어버리셨다. 내가 받았어야 할 죄와 사망의 심판을 그리스도께서 대신 치르신 자리이다. 십자가에서 예수님께서는 그 분의 의롭고 거룩한 피를 흘리고도 나를 사랑하시어 용

서하시며 죽으셨다. 만약에 나에게 조금이라도 의로움이 있었다면 예수님의 죽음에 가치가 있을지 모르나, 예수님께서는 전혀 무가치하도록 불의하고 죄 많은 나를 위해 대신 죄 값을 치르셨다.

　예수님께서 죽으신 후, 사흘 만에 다시 살아나셨다. 인류의 죄악을 대신 짊어지시고 죽으신 예수님의 의로움을 사망은 더 이상 붙잡아둘 수 없었다. 예수님께서는 전 우주를 창조하신 하나님 자신이시기에 죄와 사망은 십자가에서 죽으신 예수님을 3일 이상 구속할 수 없었다. 죽음의 시간은 3일로도 충분했다. 하나님께서는 친히 예수님을 다시 살리실 수 있었다. 그리고도 하나님의 의로움과 거룩함은 조금도 손상되지 않았고 죄와 사망을 완전히 정복하는 데 아무런 지장이 될 수 없었다. 이것이 복음에 나타난 하나님의 의요 예수님의 부활은 하나님의 의가 인류를 구속하기에 온전하도록 충분함을 강변하는 사건이었다.

　사도 바울이 그리고 내가 믿는 구세주 예수 그리스도께서는 나를 사랑하시어 자기의 목숨까지도 내어주신 하나님의 아들이셨다. 내가 분명 십자가에 못박히지 않았어도, 내가 하나님의 아들 그리스도를 믿을 때에, 하나님께서는 내가 그리스도 예수와 함께 십자가에 못박혔다고 선언하신다. 이 개념은 기독교 역사상 가장 위대한 사도 바울의 발견이었다. 예수님께서는 바로 이 구속 교리를 분명하도록 사도 바울에게 보여주시고 가르치셨다. 십자가 사건 이전에는 누구도 이 같은 개념을 상상조차 할 수 없었다. 하나님께서 인류의 죄를 위해 친히 죽으심으로 죄의 대가를 대신 치러주셨다는 십자가 사건을 사도 바울은 구속 교리로 해석하며 설명하였던 것이다. 내가 그리스도를 믿음으로써 나는 그리스도 예수님의 십자가 사건에 동참하게 된 것이다. 이는 실로 경이로운 구속의 실체를 보여준다. 아직 내가 태어나기도 전에 혹은 아직 십자가 사건이 발생하기도 전에 하나님께서는 나의 믿음을 십자가 구속으로 연관시키신 것이다. 즉 나의 믿음을 근거로 하나님께서 나의 모든 죄악을 십자가에서 심판하시고 도말하심을 상징적으로 보여주고 있다는 것이다. 내가 장차 치러야 할 죄와 사망의 영원한 심판을 십자가에서 모두 치르신다는 것이다. 그 십자가 위에 달려 있는 육신의 모습은 내가 아니라 바로 예수 그리스도이시다. 내 대신 십자가 극형을 치르시는 예수 그리스도를 바라보는 나의 믿음을 토대로 하나님의 심판이 지나가는 것이 아닌가! 내가 비록 아직 태어났건 아니건 상관없이 하나님께서는 내가 그리스도와 함께 십자가에 장사되었음을 친히 선포해 주신다.

십자가의 도를 믿는 내가 하나님의 은혜로 의롭다고 간주된 후 여전히 이 세상에 살고 있다. 나는 이미 죽었던 몸이었다. 그리고 이미 불의 심판을 거쳤고 예수님의 의로 인해 거룩해졌다. 내가 이 세상에 여전히 숨쉬고 사는 것은 무엇이며 어떤 의미를 부여해야 할까? 이에 대해 사도 바울의 대답은 극히 간명하다. 나의 옛 사람은 죽었고 새 사람이 된 나는 예수 그리스도 안에서 존재하며 산다는 것이다. 내가 그리스도 안에 있다 함은 그리스도께서 내 안에 거하심과 같은 뜻이다. 내가 잠시 육신에 거하며 숨쉬고 살아 있고 또 얼마 안지나 죽음의 요단강을 건널지라도 이는 중요치 않다. 내 안에 예수님께서 영원히 거하신다는 사실이다. 나는 하나님께 약속된 자녀가 됐으며 나의 미래에 이뤄질 구원이 하나님의 약속 가운데 성취될 것이다. 곧 영광스런 생명의 부활의 약속이다.

내가 아직 육신의 몸을 입고 사는 까닭이 있다면, 그래서 아직 이 세상에 살아야 할 이유가 있다면 그것은 내 안에 거하시는 예수님을 위해서이다. 나는 나를 사랑하시어 자기의 목숨까지도 내어주신 예수님을 믿음으로써 의로워진 성도이다. 그런데 예수님께서는 나에게 바로 그 믿음을 가지고 그 믿음처럼 이 세상에 더 머물라고 말씀하신다. 그것이 내가 아직 세상에 살아야 할 이유인 것이다. 이는 성도가 세상에 사는 것과 세상에서 어떻게 사는 것이 모두 성도의 처음 가진 믿음에 근거되어야 함을 의미한다. 내가 처음 구세주 예수 그리스도를 믿었던 그 믿음의 첫 사랑을 기억하며 생각하는가? 내가 처음 믿게 된 그리스도를 생각하고 있는가?

믿음에서 믿음으로. 이를 믿음이 점차 자라난다는 것으로 해석하면 성경을 이해하는 데 도움이 안 된다. 겨자씨 같은 믿음이 점차 커다란 나무처럼 커졌다고 생각하기 쉽다. 만약에 내 믿음이 커다란 나무처럼 커지는 것이라면 성도마다 믿음의 나무 크기가 다를 것이고, 하나님의 '이신 칭의' 선언도 믿음의 결국을 보시고 결정될 것이다. '믿음에서 믿음으로'를 믿음의 성장으로 해석하는 것은 무리다. 점차 성장하고 자라나는 것은 하나님의 나라이다. 나와 그리스도와의 첫 만남과 관계 그리고 믿음은 처음부터 완전했고 하나님의 의로움을 선언 받기에 충분했다. 이제 자라는 것은 내 안에 거하시는 그리스도의 영광이시다. 하나님께서는 그리스도를 통하여 내 안에서 그 분의 영광을 더욱 찬란하게 비추시기를 원하신다. 내가 진리의 말씀으로 성화되어갈 때 더욱 자라는 것은 진리의 확산이다. 나는 진리를 더욱 깊이 배우며 하나님을 알아가는 지식이 자라는 것이다. 성도는 언제라도 처음 만난 예수님을 믿게 된 그 첫 사랑의 믿음을 기억하며 생각하고 살아야 한다.

> 갈 2:21 내가 하나님의 은혜를 폐하지 아니하노니 만일 의롭게 되는 것이 율법으로 말미암으면 그리스도께서 헛되이 죽으셨느니라.

다시 내가 처음 믿게 된 진리요 구세주 되신 예수님(첫 사랑)을 생각해 보라. 그리고 그 때의 믿음을 기억해 보라. 나로 하여금 예수님을 하나님의 아들이시오 이 세상의 구세주이시라고 고백하던 당시에 내가 예수님을 어떻게 믿게 되었는지 정리해 보라. 내가 한 가지 분명히 고백할 수 있는 마지막 유언이 있다면, 그 때 내가 그리스도를 믿게 된 것은 분명 하나님의 은혜였다는 고백이다. 내가 지식으로나 논리로 예수님을 믿기로 작정한 것이 아니었다. 나는 진리의 말씀을 들었고 혼란스러웠으며 분투하기도 했다. 진리를 듣고 예수님께서 나의 구세주이심을 깨닫게 하신 분이 바로 하나님이셨다. 처음 교회를 다니고 말씀을 들은 이후로 얼마나 많은 시간이 지났는지 나도 기억할 수 없다. 하지만 진리의 예수님께서 나의 구세주이심을 깨달은 때에 나에게 달라진 것이 있었다. 그것은 예수님께서 진실로 나의 구세주이심이 믿어지게 되었다는 것이다. 전에는 믿어지지 않던 것이 이제는 믿어진 것이다.

믿음은 하나님의 은혜로써만이 가능하다. 나를 의롭다 선언하시는 하나님께서 보셨던 나의 믿음을 주신 분이 바로 하나님 자신이셨다. 이로 보건대 내가 의로워진 배경에는 하나님의 은혜가 절대적이었다. 그렇다면 더더욱 내가 의롭게 된 것은 율법의 행위에 있지 않음은 자명한 사실이다.

만약에 내가 의롭게 된 것이 행여나 나의 율법 준수에 기인한다면 이를 두고 사도 바울은 말하기를, '그리스도께서 헛되이 죽으셨느니라'고 단언한다. 나의 구원과 구속은 처음부터 분명한 대가가 있었다. 그 대가란 내 대신 죽는 사형수이다. 예수님께서 나 대신 죄와 사망의 심판을 십자가에서 치르신 것이다.

> 엡 2:8~9 너희가 그 은혜를 인하여 믿음으로 말미암아 구원을 얻었나니 이것이 너희에게서 난 것이 아니요 하나님의 선물이라. 행위에서 난 것이 아니니 이는 누구든지 자랑치 못하게 함이니라.

믿음은 공식이 아니다. 무엇 무엇을 믿는다고 고백한다고 해서 성도로 불려지는 것이 아니다. 하나님의 은혜로 인하여 믿음이 생겨난 것이기에 성도는 자신의 믿음을 소중히 여기고 믿음의 대상을 깊이 상고해 보아야 한다. 아직 믿어지지 않는 것을 두고도 믿는다고 말해 버리는 서툴고 어리석은 신조 고백자가 되어서는 안 된다. 아직 독자들 중에 예수님에 대한 믿음이 없다면 진리의 말씀을 읽고 또 읽으며 말씀의 뜻을 생각해 보라. 그러면서 천지를 창조하신 하나님 앞에 고백해 보라. 나에게도 믿음을 달라고. 그리고 말씀을 읽고 배우며 기다리라. 하나님의 은혜는 기다리는 당신에게 분명 임하실 것이다. 그 때 당신에게 믿음이 생겨 날 것이다.

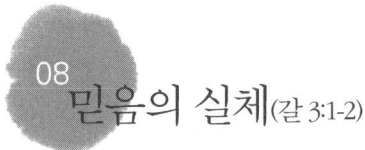

08 믿음의 실체 (갈 3:1-2)

사도 바울이 기꺼이 전하고자 한 복음이란
예수 그리스도가 믿음의 실체시요 우리의 구원이
오직 그 분의 대속하신 십자가의 공로에 달렸음이었다.

갈 3:1-2 어리석도다. 갈라디아 사람들아 예수 그리스도께서 십자가에 못박히신 것이 너희 눈앞에 밝히 보이거늘 누가 너희를 꾀더냐. 내가 너희에게 다만 이것을 알려 하노니 너희가 성령을 받은 것은 율법의 행위로냐 듣고 믿음으로냐.

기독교의 믿음. 그 믿음의 실체. 과연 무엇을 믿으란 말인가? 정상적인 기독교인이라면 누구나 이 같은 의문과 해답을 던지고 또 구하려 한다. 의외로 많은 사람들이 교회에서 말하는 '믿으라' 는 말에 대해 도대체 무엇을 믿으라는 것이지 거의 모른다고 답한다. 구약 성경을 읽어보면 유대인들이 믿음이란 단어를 하나님께 사용할 때, 그들은 하나님과 그 분의 말씀을 당연하게 인정한다는 뜻을 의미하고 있다. 믿음(Believe)에 관해 인용되는 다음의 구약 성경 구절들을 참조해 보자.

창 15:6 아브람이 여호와를 믿으니 여호와께서 이를 그의 의로 여기시고

출 4:5 또 가라사대 이는 그들로 그 조상의 하나님 곧 아브라함의 하나

님, 이삭의 하나님, 야곱의 하나님 여호와가 네게 나타난 줄을 믿게 함이 니라 하시고

출 4:8 여호와께서 가라사대 그들이 너를 믿지 아니하며 그 처음 이적의 표징을 받지 아니하여도 둘째 이적의 표징은 믿으리라.

출 4:31 백성이 믿으며 여호와께서 이스라엘 자손을 돌아보시고 그 고난을 감찰하셨다 함을 듣고 머리 숙여 경배하였더라.

출 14:31 이스라엘이 여호와께서 애굽 사람들에게 베푸신 큰일을 보았으므로 백성이 여호와를 경외하며 여호와와 그 종 모세를 믿었더라.

민 14:11 여호와께서 모세에게 이르시되 이 백성이 어느 때까지 나를 멸시하겠느냐 내가 그들 중에 모든 이적을 행한 것도 생각하지 아니하고 어느 때까지 나를 믿지 않겠느냐.

민 20:12 여호와께서 모세와 아론에게 이르시되 너희가 나를 믿지 아니하고 이스라엘 자손의 목전에 나의 거룩함을 나타내지 아니한 고로 너희는 이 총회를 내가 그들에게 준 땅으로 인도하여 들이지 못하리라 하시니라.

신 1:32 이 일에 너희가 너희 하나님 여호와를 믿지 아니하였도다.

신 9:23 여호와께서 너희를 가데스 바네아에서 떠나게 하실 때에 이르시기를 너희는 올라가서 내가 너희에게 준 땅을 얻으라 하시되 너희가 너희 하나님 여호와의 명령을 거역하여 믿지 아니하고 그 말씀을 듣지 아니하였나니.

대하 17:14 저희가 듣지 아니하고 그 목을 굳게 하기를 그 하나님 여호와를 믿지 아니하던 저희 열조의 목같이 하여

왕하 20:20 이에 백성들이 일찌기 일어나서 드고아 들로 나가니라 나갈 때에 여호사밧이 서서 가로되 유다와 예루살렘 거민들아 내 말을 들을지어다 너희는 너희 하나님 여호와를 신뢰하라 그리하면 견고히 서리라 그 선지자를 신뢰하라 그리하면 형통하리라 하고

시 27:13 내가 산 자의 땅에 있음이여 여호와의 은혜 볼 것을 믿었도다.

시 78:22 이는 하나님을 믿지 아니하며 그 구원을 의지하지 아니한 연고로다.

시 78:32 그럴지라도 저희가 오히려 범죄하여 그의 기사를 믿지 아니하였으므로

시 106:12 이에 저희가 그 말씀을 믿고 그 찬송을 불렀도다.

시 106:24 저희가 낙토를 멸시하며 그 말씀을 믿지 아니하고

시 119:66 내가 주의 계명을 믿었사오니 명철과 지식을 내게 가르치소서.

사 28:16 그러므로 주 여호와께서 가라사대 보라 내가 한 돌을 시온에 두어 기초를 삼았노니 곧 시험한 돌이요 귀하고 견고한 기초 돌이라 그것을 믿는 자는 급절하게 되지 아니하리로다.

사 43:10 나 여호와가 말하노라 너희는 나의 증인, 나의 종으로 택함을

입었나니 이는 너희로 나를 알고 믿으며 내가 그인 줄 깨닫게 하려 함이
라 나의 전에 지음을 받은 신이 없었느니라 나의 후에도 없으리라.

사 53:1 우리의 전한 것을 누가 믿었느뇨 여호와의 팔이 뉘게 나타났느
뇨.

단 6:23 왕이 심히 기뻐서 명하여 다니엘을 굴에서 올리라 하매 그들이
다니엘을 굴에서 올린즉 그 몸이 조금도 상하지 아니하였으니 이는 그가
자기 하나님을 의뢰함이었더라.

욘 3:5 니느웨 백성이 하나님을 믿고 금식을 선포하고 무론 대소하고 굵
은 베를 입은지라.

합 1:5 여호와께서 가라사대 너희는 열국을 보고 또 보고 놀라고 또 놀랄
지어다 너희 생전에 내가 한 일을 행할 것이라 혹이 너희에게 고할지라
도 너희가 믿지 아니하리라.

합 2:4 보라 그의 마음은 교만하며 그의 속에서 정직하지 못하니라 그러
나 의인은 믿음으로 말미암아 살리라.

구약 성경에서 믿음에 관해 가장 정통하게 그것도 비유적으로 설명한 구절이 창세기 15:6이다. 이 구절에서 믿음은 하나님의 약속을 신뢰하고 의지하는 결단이요 또 그 믿음대로 살려는 실천이라고 해석된다. 이 같은 사람의 결단을 보시며 하나님께서는 그 사람을 의롭다 간주하신다. 물론 앞서 수차례 강조한 대로 사람에게 믿음을 형성하신 분이 하나님이시다. 창세기 15:6은 사람의 믿음으로 말미암아 하나님께서 그를 의롭다 간주하

신다는 '이신 칭의'를 가장 직설적으로 표현하고 있다. 그 외에 위에 언급된 다른 구약 성경 구절들은 유대인들이 하나님과 그 분의 말씀을 믿는다고 말할 때는 하나님과 그 분의 말씀을 당연하게 인정한다는 뜻으로 받아들였다. 그러한 구절들은 하나님을 믿음으로 말미암아 그들이 의롭다 칭함을 받는다는 직설적 표현을 사용하지 않았다. 때로는 열왕기하 20:20이나 시편 78:22 그리고 다니엘 6:23이나 하박국 2:4처럼 하나님을 믿고 신뢰함으로써 세상에서 닥쳐오는 시련과 고난으로부터의 형통과 구원을 받으려는 소망도 의미하고 있었다. 특히 시편 78:22는 하나님을 믿는 자에게 구원이 있음을 내포하고 있다. 다니엘은 하나님을 믿음으로 사자 굴에서 기적을 체험하기도 하였다.

사도 바울이 깨우친 바 의인은 믿음으로 말미암아 산다는 뜻은 의인이 하나님의 심판을 피하여 구원에 이를 수 있는 이유는 처음부터 끝까지 (from faith to faith 롬 1:17) 그가 하나님을 믿는 신앙 때문이라는 것이다. 구약 성경 속에서 유대인들은 이미 믿음의 실체란 하나님을 전적으로 의지하고 그 분의 약속을 인정하는 것으로 받아들였다. 그리고 유대인들이 다른 이방인들과 달리 구별되고 선택되는 이유는 그들에게 주어진 하나님을 향한 믿음으로 말미암아 의인의 반열에 들어설 수 있기 때문이라고 생각했다. 의인은 구원을 받을 백성이요 악인은 구원에서 벗어난 무리들로 간주하였다. 따라서 유대인들도 믿음에는 구원과 의가 수반되는 하나님의 은혜로운 결과가 있을 것이라고 생각하는 것이 당연하였다. 그와 같은 정통적인 정서와 믿음이 역사의 시간을 거치면서 서서히 변질되었다. 말라기 선지자를 마지막으로 오랜 영적 침묵의 시대를 거치면서 유대인들은 율법의 전통을 계승하는 수단을 인위적으로 만들기 시작하였고 그 결과 율법의 정신보다는 율법의 형식을 중시하는 사회적 풍조가 발생하였으며 더구나 주변 강대국의 식민지로 전락하면서 자신들의 종교를 방어하는 방편으로 더더욱 외식을 갖추게 되었다.

예수님께서는 그 분의 공생애 기간 동안 믿음의 실체를 다시 일깨우시고 외식이 아닌 본질을 강조하며 외치셨다. 사랑 없는 나눔(Sharing)을 반대하셨고 회칠한 무덤 같은 종교 행위를 질타하셨다. 우리는 예수님의 사역과 권위를 4복음서를 통해 살피면서 항상 예수님께서 원하신 믿음의 실체를 놓치면 안 된다. 신약 성경 저자들 중에서 예수님께서 가르치신 믿음의 실체를 가장 정확하게 이해한 사람이 사도 바울이었다. 예수님에 관한 믿음의 교리는 그래서 사도 바울에게 가장 전율하는 기독교 핵심 교리였다. '이신 칭의'를 설교하는 사도 바울의 강해는 갈라디아서에 이르러 질타하는 목소리를 높이지 않을 수 없었다. 갈라디아서는 웅변하는 설교가 아니다. 갈라디아서는 탄식하는 한숨 소리를 담고 있다.

> 갈 3:1-2 어리석도다. 갈라디아 사람들아 예수 그리스도께서 십자가에 못박히신 것이 너희 눈앞에 밝히 보이거늘 누가 너희를 꾀더냐. 내가 너희에게 다만 이것을 알려 하노니 너희가 성령을 받은 것은 율법의 행위로냐 듣고 믿음으로냐.

생명의 복음을 전하기 위해 목숨도 아끼지 않았던 사도 바울이 기꺼이 전하고자 한 복음이란 예수 그리스도가 믿음의 실체시요 우리의 구원이 오직 그 분의 대속하신 십자가의 공로에 달렸음이었다. 십자가에 못박히신 예수 그리스도가 아니고서는 우리에게 구원도 영생도 부활의 소망도 없다. 우리가 궁극적으로 하나님의 심판과 영벌에서 벗어날 수 있는 유일한 길은 오직 예수 그리스도께로 돌아서는 길이다. 그런데 갈라디아 교회들의 성도들 중에 의외로 많은 무리들이 교활하게 침투해 오는 이단 사상에 넘어가고 말았다. 성도의 구원이 단순히 예수 그리스도를 믿는 것만으로는 부족하다는 이단 사상이었다. 예수 그리스도를 믿는 것이 그토록 단순 명료한 까닭이었던가? 이단 사상에 물들은 거짓 교사들은 구원에 이를 만한 율법의 준수 내지 행위로써의 보답을 공공연히 강조하기 시작하였다. 갈라디아 교회의 성도들이 그러한 거짓 교사들의 사조에 꾐을 당하여 넘어간다는 소식을 들은 사도 바울은 갈라디아서를 작성하지 않을 수 없었던 것이다. 그가 어떻게 전한 진리요 복음이었던가? 오죽 침통스러웠으면 어리석도다(foolish)라는 표현을 해야 했던가? 갓난아이도 아니고 다 큰 어른일지라도 불같이 밝고 명료한 진리에서 쉽게 벗어나 버리는 갈라디아 교인들이 답답해 보였으리라!

 도대체 그들이 처음 예수 그리스도를 듣고 깨달아 믿어 순종하던 당시에 받았던 성령님께서 그들 안에 들어오신 것이 그들의 정성스럽고 성숙한 율법의 행위로 말미암았던가? 아니었다. 오직 그들의 연약하였지만 그러나 분명한 믿음 때문이었다. 그들이 처음 가졌던 믿음의 실체를 이제 와서 왜 못미더워 하는가? 왜 영혼과 본질의 변화를 보지 못하고 외형과 절차의 준수를 무심히 따르게 되었는가? 갈라디아 교회의 성도들은 구원에 이를 만한 행위로서 모세의 율법 준수가 필연적으로 발생해야 한다고 생각했다. 그러면서 그들이 처음 믿었던 그들의 믿음을 과소평가하고 말았다. 그들은 하나님께서 그들의 처음 믿음을 보시고 그들을 의롭다 칭하셨고 의인의 반열에까지 끌어 올려주셨음을 의심하고 간과하게 되었다. 사도 바울은 그들의 변심과 오류를 다시금 바르게 잡지 않을 수 없었다.

09 믿음과 율법 (갈 3:3-9)

'믿음으로 말미암아' 란 말은 믿음이라는 통로를 통해서 하나님의 판단이 서게 된다는 뜻이다.

갈 3:3-5 너희가 이같이 어리석으냐. 성령으로 시작하였다가 이제는 육체로 마치겠느냐. 너희가 이같이 많은 괴로움을 헛되이 받았느냐 과연 헛되냐. 너희에게 성령을 주시고 너희 가운데서 능력을 행하시는 이의 일이 율법의 행위에서냐 듣고 믿음에서냐.

갈라디아 교회들의 성도들은 분명 흔들리고 있었다. 그들의 믿음과 신조에 대한 굳건한 확신이 아직 교리적으로 정리되지 않았다. 그들이 정녕 주 예수 그리스도를 믿음으로써 하나님으로부터 의롭다 간주받은 바 되고, 천국 백성으로 부름을 받았음이 성령님의 역사를 통해 분명히 드러났거늘, 그들은 매우 단순한 진리에서와 역사적 사실에서조차 확신을 지키지 못하였다. 그래서 사도 바울의 질타는 당연하였는지 모른다. 성령님의 강권하시는 역사로 시작된 교회의 거룩한 무리들이 더 이상 성령님의 인도하심을 받기보다는 그들의 옛 주인 되는 율법 아래로 다시 속박되어가는 것이 아닌가? 마치 애굽을 대거 탈출한 이스라엘 백성들이 도로 애굽으로 되돌아가 이방 신을 섬기는 바로 왕의 종과 노예가 되려는 근성과 다를 바 없었다. 그들이 기독교인으로 부르심을 받은 직후부터 겪었던 모든 수고와 애씀이 헛되게 물거품 되려는 것으로 비쳤다. 그들의 성도로서의 삶에 일순간도 헛된 것이 없었음에도 불구하고 그들은 스스로 또다시 어리석은 길을 자처하는 것이 아닌가?

　육체로 있을 당시에도 스스로 구원을 자취할 능력과 자격도 없었던 그들이 성령님의 거듭나게 하심으로 새 사람이 된 후에라도 육체의 조건과 여건으로는 스스로 완성된 성도가 될 수 없었다. 그럼에도 불구하고 그들은 육체를 굴복시켜 율법에 매이도록 스스로 종용하거나 다른 거짓 교사들에 의해 종용받게 되었다. 이 세상 사람들 중에서 누구도 육체의 열심으로 율법의 요구를 다 응하여 스스로 구원을 이룰 수 없다. 만약에 단 한 사람이라도 그것이 가능했다면 예수님께서 이 세상에 오실 이유가 없다. 인간으로서는 불가능한 구원이었다. 하나님께서 친히 은혜를 베풀어 성령님으로 하여금 사람이 거듭나게 하지 않으셨다면 누구도 영적 진리를 이해할 수 없다. 구원과 부활의 소망을 사람에게 주신 하나님께서는 천국 소망과 영혼 구원을 실현시키실 수 있으신 무궁한 능력의 전지전능하신 하나님이시지 않은가. 그런데 어떻게 하나님의 자녀라 자처하던 갈라디아 교회의 성도들이 하나님의 약속과 능력을 힘입으려 하지 않고 다시 율법에 얽매이도록 자신을 내버려두게 되었던가? 그들이 진리도 모른 채 흑암의 권세 하에 살고 있을 때 그들은 하나님도 진리도 알지 못했다. 그들에게 들려준 사도 바울의 복음 전파는 그들의 죽었던 영을 살리신(거듭나게 하신) 성령님의 역사로 말미암아 예수 그리스도를 주라 시인하며 믿도록 인도하였다. 복음은 그 자체로써 하나님의 능력을 나타낸다. 그들은 분명 진리의 복음을 들었고 그 복음의 핵심 되는 예수 그리스도에 의한 구원의 교리를 알았다. 그리고 믿었다.

처음으로 주 예수 그리스도를 믿게 된 갈라디아 교회 성도들의 믿음이 흔들렸다. 그들은 믿음 외에 율법 준수가 있어야 구원에 이른다는 거짓 선지자(교사)들의 가르침에 현혹된 것이다. 사도 바울은 그들이 처음 가졌던 믿음의 실체와 본질을 또다시 가르치고 상기시켜야 했다.

창 15:6 아브람이 여호와를 믿으니 여호와께서 이를 그의 의로 여기시고

구약에서 믿음에 관해 가장 정통하게 그것도 비유적으로 설명한 것이 창세기 15:6이라고 하였다. 사도 바울은 전통적으로 유대교를 신봉해 온 유대교 출신의 갈라디아 교회 교인들 중에서 거짓 교사가 출현하고 있음을 알고는, 특별히 창세기에 나오는 아브라함의 믿음을 비유로 하나님의 은혜를 상기시켰다.

갈 3:6-9 아브라함이 하나님을 믿으매 이것을 그에게 의로 정하셨다 함과 같으니라. 그런즉 믿음으로 말미암은 자들은 아브라함의 아들인 줄 알지어다. 또 하나님이 이방을 믿음으로 말미암아 의로 정하실 것을 성경이 미리 알고 먼저 아브라함에게 복음을 전하되 모든 이방이 너를 인하여 복을 받으리라 하였으니, 그러므로 믿음으로 말미암은 자는 믿음이 있는 아브라함과 함께 복을 받느니라.

하나님께서 먼저 아브라함을 택하셨고 때가 이르매 그를 부르셨다. 세월이 흐르면서 아브라함은 하나님께서 어떠한 신이신가를 체험적으로 알

게 되었으며 아브라함이 깨달은 하나님께서는 온 우주를 창조하신 전지전능한 신이시요 죽은 자라도 다시 살리실 수 있는 창조주이셨다. 아브라함의 그 같은 믿음을 허락하시어 믿도록 만드신 분이 하나님 자신이셨다. 그러면서 하나님을 믿는 아브라함을 의롭다 하시며 의의 기준으로 정하신 분도 하나님이셨다. 하나님께서 아브라함에게 의로 정하셨다 함은 아브라함의 구원을 약속하신다는 뜻이다. 여기서 중요한 전환이 발생한다. 하나님께서 아브라함을 의롭다 하실 때, 하나님께서 그 기준으로 아브라함의 믿음을 보신 것이다. 조상들이 살던 갈대아 우르를 떠나 가나안의 이방 나라에 떠돌면서 정착하기까지 아브라함에게는 많은 크고 작은 사건들이 발생하였고 그는 그 사건들 속에서 그에게 하나님께서 함께 하심을 보았다. 그의 믿음은 결코 하루아침에 이뤄진 것도, 완성된 것도 아니었다. 그는 세월 유수 속에서도 하나님을 찾았고 하나님을 발견하였다. 진실로 하나님께서는 죽음 후의 세계도 통치하시는 분이심을 아브라함은 알게 된 것이다. 그래서 아브라함은 그러한 경이로운 하나님을 믿게 된 것이며, 하나님께서는 그의 믿음을 보시고 그에게 의를 정하신 것이다. 하나님의 나라는 의인만이 들어설 수 있는 나라이며 그러기 위해서는 누구든지 하나님께로부터 의롭다는 판정하심을 받아야 천국 입성이 가능하다. 그런데 하나님께서는 믿음이란 통로를 사용하여 의롭다 판정하셨다. 믿음조차 하나님의 불가항력적인 은혜요 선물이라면 죄인이 구원에 이르는 것은 처음부터 끝까지 하나님의 인도하심과 그 인도하심에의 순종의 수순이라고 정의할 수 있겠다.

이스라엘 민족은 혈통적으로 이스라엘 자손이어야 아브라함의 자녀가 될 수 있다고 생각했다. 그들에게 이방인은 처음부터 저주받은 백성이요 하나님 나라와는 상관이 없는 족속이라고 생각했다. 그들에게 있어서 믿음이란, 이스라엘인으로서의 자격을 가지면서 하나님을 만유의 유일한 신이라고 인정하며 전통 계승을 실천하는 신념이었다. 그들은 믿음을 보시는 하나님을 생각하지 못했다. 하나님은 그들의 실천하는 행동과 외식을 보시고 판단하신다고 생각했다. 그러나 예수님의 가르침은 그들의 상상과는 전혀 달랐다. 형제에게 바보라 부르는 것조차 살인하는 죄와 다를 바 없었고, 마음에 정욕을 품는 것은 이미 간음죄에 해당되었다. 유대인들의 안목으로는 이해가 될 수 없었던 것이 믿음에 대한 예수님의 정의였다. 한낱 겨자씨같이 작은 믿음을 보시는 하나님의 판단 기준은 유대인들에게 전혀 새로운 사상이었다. 땅에 널려진 작은 돌들로도 아브라함의 자녀를 만드실 수 있다는 예수님의 외침은 믿음의 본질을 처음부터 다시 생각하게 만드는 반향이었으며 유대인들의 강력한 반대에 부닥칠 수밖에 없었다. 고요한 연못 위에 던져진 작은 돌이 파동을 일으키며 수면에 변화를 가져오는 것처럼, 예수님의 가르침은 인간 구원이 믿음이란 통로를 거친다는 거대한 복음의 소용돌이를 일으킨 진원지가 되었다.

모든 이방이 아브라함을 인하여 복을 받으리라는 구약 성서의 기록이 설마 진짜 혈통적 이방인에게까지 적용될 것이라고 생각지 않았던 유대인이었다. 그러나 예수님께서는 오래도록 잊혀진 구약의 진부한 기록을 상기시키며 복음을 듣는 사람이면 유대인이나 이방인이나 차별이 없음을 보여주셨다. 그래서 사도 바울도 아브라함조차 믿음으로 말미암아 하나님의 자녀가 된 것이라며 천국에 들어갈 어느 누구도 오직 믿음으로 말미암아 아브라함과 같은 구원과 내세의 복을 받는다고 가르친 것이다. 아브라함도 믿음으로 말미암아 의로 정함을 받은 것처럼 성도는 각자 자기의 믿음으로 말미암아 하나님께로부터 의로 정함을 받아야 한다. 여기에는 예외가 없으며 차별이 없다. 이러한 복음을 받을 만한 자는 진리와 은혜되신 예수님을 주로 영접하길 바란다. '믿음으로 말미암아' 란 말은 믿음이라는 통로를 통해서 하나님의 판단이 서게 된다는 뜻이다. 믿음이란 보이는 것도 아니요 향기로 드러나는 것도 아니다. 그러나 사람마다 믿음이 있으며 또 서로 다른 분량의 믿음을 가진다. 예수 그리스도를 믿는 이 고상한 믿음이야말로 가장 고귀한 것이리라! 아브라함도 하나님의 복음을 들으며 구원의 도를 깨달았다. 모든 이방이 자기를 인하여 복을 받으리라는 것은 곧 믿음을 가진 자들만이 자기처럼 구원과 내세의 복을 받으리라는 것으로 알았다. 이는 혈통적 자손에게만 해당하는 말씀이 아니었다. 이는 믿음에 대한 매우 귀중한 구약 말씀이었다. 이 구절은 세월이 흐르면서 잘못 이해되었고 점차 유대인들은 사람의 중심에 있는 믿음을 보시는 하나님의 능력을 간과하였다. 우리 같은 이방인들에게도 구원의 복음을 들려주신 하나님께서 우리에게 믿음을 허락하신 것이 얼마나 놀라운 은혜인지 아는가?

10 아브라함의 믿음 (갈 3:10-12)

비록 그에게 모세의 율법이 없었을지라도 그는 구원에
이를 만한 믿음의 의를 행위로 보일 수 있었고 그의 순종의
덕목은 하나님의 칭찬을 받기에 충분하였다.

갈 3:10-11 무릇 율법 행위에 속한 자들은 저주 아래 있나니 기록된 바 누구든지 율법 책에 기록된 대로 온갖 일을 항상 행하지 아니하는 자는 저주 아래 있는 자라 하였음이라. 또 하나님 앞에서 아무나 율법으로 말미암아 의롭게 되지 못할 것이 분명하니 이는 의인이 믿음으로 살리라 하였음이니라.

기도에서 가장 중요한 내용은 겸비이다. 나의 나약함과 무능함을 거룩하신 하나님 앞에 드러내어 놓을 줄 아는 겸비이다. 단 일 분의 기도를 할지라도 하나님을 향한 간절한 마음이 겸비로 우러나와야 한다. 성도의 겸비가 곧 기도의 올바른 시작이다.

말씀 설교는 궁극적으로 하나님의 영광을 사람에게 드러내는 데 목적이 있다. 들을 귀가 있는 자는 들으라 하신 예수님의 가르침은 말씀 설교가 말씀을 들을 준비가 된 사람에게나 거부하는 사람에게나 누구에게든지 전파하라시는 의미를 가진다. 말씀의 씨앗은 누구에게나 뿌려지는 것이다. 그러므로 말씀을 전하는 목회자의 자세에서 가장 중요한 것은 서기

의 자세이다. 하나님께서 불러주시는 데로 토씨 하나 빠뜨리지 않고 꼼꼼하게 받아 적어 기록하여 만인 앞에 열심히 선포하는 서기의 자세가 중요하다. 목회자의 설교가 웅변적이지 못하고 발음이 시원치 않고 명료하지 않은 것은 하등의 문제가 되지 않는다. 그가 정녕 하나님의 말씀을 그대로 받아 설교하는 것이 하나님의 원하심이다. 왜냐하면 하나님께서는 그러한 연약한 목회자들 통해서도 그 분의 능력을 드러내시기를 원하시기 때문이다. 설교를 통해 드러나는 것이 하나님의 영광이어야 한다. 엘리야에 임한 하나님의 말씀은 세미하게 들렸다. 광풍도 거친 물보라도 아닌 고요함 속에 들려오는 하나님의 음성을 듣고 그대로 받아 적을 줄 아는 설교자가 진정한 하나님의 사람이 아닌가? 문제는 누가 하나님의 음성을 들을 줄 아는가이다.

믿음이 진정한 행위를 동반하는 것처럼 행위의 가장 중요한 내용은 사랑이다. 사랑 없는 나눔이 얼마나 사람의 마음을 씁쓸하게 만드는지 아는가. 회칠한 무덤 같은 종교 행위는 차라리 안 한만 못하다. 은밀하게 보시는 하나님을 생각하라. 그리고 마음에서부터 사랑이 우러나오도록 기도하라. 그리고 나에게 부어진 사랑의 한계만큼만 행위로 옮기라. 하나님께서는 스스로 기진되는 사랑의 실천을 원하지 않으시기 때문이다. 사랑을 받아보지 못하고 어떻게 남을 사랑할 수 있겠는가? 행위의 가장 중요한 내용은 사랑의 나눔이다.

그리스도인은 율법 아래 있지 않은 무리들이다. 그들은 율법 대신에 하나님의 은혜 아래 있으며 예수님께 속한 사람들이다. 그들은 율법에 대해 자유로우며 율법의 요구를 듣지 않아도 하나님 앞에 서는 데 거리낌이 없어진 자유인들이다. 그들도 전에는 율법 행위에 속하여 저주 아래 있었다. 율법 책에 기록된 대로 모든 규례와 법도를 하나도 빠짐없이 항상 지켜야 했고 만일 하나라도 그르치면 당장 저주 아래 팔려야 했다. 저주 아래 팔린다 함은 영원한 하나님의 심판을 받아 지옥으로 가야 한다는 뜻이다. 현대인들은 심판이니 지옥이니 하는 말들에 대해 별로 개의치 않는다. 그런 말들은 상징적이거나 고전적이어서 현대인들에게는 맞지 않는다고 배우기 때문이다. 대부분의 종교들이 조물주는 자애로우신 분이어서 궁극적으로 구원에 이르도록 배려한다는 막연한 상상을 가르친 것 때문이다. 회교는 50 대 50 이란 선과 악의 기준에서 0.001 만이라도 선에 치우치면 천국에 간다고 가르친다. 마치 시소와 같은 기준이요 원리이다. 불교는 아예 모든 것을 상대적인 것으로 간주하는 윤회설을 가르치지 않는가? 돌고 도는 것이 우주의 원리란 설명이다. 그들에겐 악도 선도 모두 절대 가치가 없다. 기독교를 제외한 모든 종교들과 철학 사상들이 인간의 우월성을 부각시키며 모든 종교는 결국 하나로 회귀하는데 그 결국이란 인간 그 자체란 내용이다. 종교도 철학도 사상도 그 모든 이념도 결국은 인간에게서 나왔고 인간에 의해 관념되다가 죽음과 더불어 잊혀진다고 가르친다.

만약에 인간이 살다가 죽고 나면 모든 것이 무에서 온 대로 그냥 사라지고 마는 것이라면 얼마나 허무하고 또 한편으로는 다행인지 모른다. 그러한 주장은 인간들이 어떻게 단 한번 태어나는 세상을 의미 있게 공유하며 사느냐가 중요하도록 만든다. 하지만 기독교의 가르침은 그들의 원함이나 상상과는 전혀 다르게 전개되고 있다. 인간으로서는 어찌 할 도리가 없게끔 분명하고도 확실한 메시지를 전한다. 모든 것에는 시작이 있고 끝이 있을 것이란 메시지이다. 선과 악에 대해 타협할 줄 모르는 분명한 경계가 있다. 죽음이 모든 것을 사라지게 만드는 것이 아니라 죽음은 더 이상의 선택이 불가능하게 만든다. 성경은 사람이 죽어서도 하나님을 찾을 수 있다고 가르치지 않는다. 죽었던 사람이 다시 다른 형상으로 태어난다는 것은 거짓이다. 하나님 없는 죽음은 영원한 저주요 영벌의 연속으로 내던져진다. 사람이 살아서 하나님을 만나지 못하는 것 자체가 가장 저주스런 고통이라고 가르친다. 그러한 사람은 살았어도 실상은 산 것이 아니다. 다만 연명된 것뿐이다.

구약의 유대인들은 하나님께서 모세에게 주신 율법을 모두 지키면 구원을 받을 것으로 기대하고 그대로 실천하려고 애썼다. 그들의 기대는 모두 구약의 말씀을 잘못 이해한 연고였다. 모세를 통해 율법을 주신 하나님께서는 이미 430여 년 전에 선택하신 아브라함의 인생을 통해 구원에 이르는 의에 대해 감춰진 보배같이 은밀히 보여주셨다. 모세가 받은 율법은 하나님의 백성으로서 어떻게 거룩하게 살아가느냐 하는 실천을 구체적으로 명시한 것으로 그 자체가 구원에 이를 의를 이루는 것이 불가능하였다. 만약에 율법이 구원에 이르는 의를 달성하는 데 충분한 것이었다면 하나님께서는 아브라함에게 먼저 보여주셨을 것이다. 아브라함은 이방인의 땅 가나안에서 살면서 그의 인생 유전을 통해 하나님을 발견하였고 그 영광스런 주님을 믿음으로 섬겼다(경배하였다). 비록 그에게 모세의 율법이 없었을지라도 그는 구원에 이를만한 믿음의 의를 행위로 보일 수 있었고 그의 순종의 덕목은 하나님의 칭찬을 받기에 충분하였다. 왜 그럴 수 있었을까? 왜냐하면 구원은 하나님의 의의 기준에 합당한 자만이 소유할 수 있는 것이며 이는 오직 믿음을 통해서 통과되는 기준이기 때문이다. 그러나 아브라함 이후에 그의 백성들은 점차 하나님 주권 사상과 그 분의 의에 대한 진리에서 멀어졌고, 훗날 모세를 지도자로 애굽을 탈출하고 광야를 지나면서 받은 하나님의 율법에 담긴 율법의 정신을 잘못 받아들였다.

그들은 율법을 지키려 하면서 그들의 완전히 지킬 수 없음을 하나님께 토로하는 겸비를 깨달았어야 했다. 그리고 하나님의 도우심을 바라는 자들이어야 했다. 그러나 그들은 율법의 정신을 상실한 채 율법의 의식에 매달려 하나님을 올바르게 깨닫는데 실패하고 말았다. 하나님 앞에서는 누구도 율법으로 말미암아 의룝게 되지 못할 것임이 분명함에도 불구하고 이를 인정하려 들지 않았다. 그들은 '의인이 믿음으로 살리라 하였음이니라' 는 하박국 선지자의 경고를 무시했거나 받아들일 줄 몰랐다. 그래서 그들은 육신의 행위로 율법의 요구를 다 들어주는 것으로 구원을 쟁취한다는 인본주의 사관을 서로 공유하게 되었다. 유대인으로 태어난 것만으로 마치 선지자의 세계에 발을 디딘 사람인양 착각한 어리석은 백성이 되고 말았다. 그들은 혈통이 다른 이방인들을 무시하는 또 하나의 무지를 드러내었다.

> 갈 3:12 율법은 믿음에서 난 것이 아니라 이를 행하는 자는 그 가운데서 살리라 하였느니라.

갈라디아서 3:12은 얼마나 경쾌한 울림인가! 율법은 애당초 믿음에서 난 것이 아니었다. 만약에 그럴 것이면 율법을 모두 행하는 자만이 그 율법

가운데 살리라고 하박국 선지자는 외쳤으리라. 하지만 의인은 율법을 행함으로써 사는 것이 아니다. 의인은 오직 믿음으로써만이 살 수 있다. 믿음에서 나지 않는 행위는 하나님의 의를 부여받는 데 아무런 도움이 되지 못한다. 아브라함도 라합도 그들에게 있던 믿음을 가지고 행위의 실천을 했던 것이다. 그들의 행위를 보시고서가 아니라 그들의 행위 속에 감춰진 그들 심령의 믿음을 보시고 하나님께서는 그들을 의롭다 칭하시고 구원의 반열에 올리신 것이다.

창세 이후로 누구도 자신의 온전한 행위로 하나님 보시기에 완전한 의를 수행한 사람이 없었다. 하나님께서 99%의 의에 달하면 나머지 죄와 허물을 가상히 보시고 용서하시리라고 생각하는 것은 어리석다 못해 두려운 죄악이다. 거룩하신 하나님의 완전함에 1%의 허물이라도 있다고 상상해 보라. 그 분의 창조의 능력이 짧아서 죄와 악이 생겨났다고 간주할 것이다. 악의 태동이 하나님의 1% 부족함에서 비롯될 수밖에 없다고 믿으려 할 것이다. 그러나 하나님께서는 처음부터 끝까지 완전하시고 전능하신 창조주이시다. 하나님께서 100% 완벽히 거룩하심과 같이 성도도 그러한 완전(거룩)에 이르도록 하나님께서 이루실 것이다. 그 분의 창조 섭리와 운행의 의지는 창세 전부터 확고하였다.

11 믿음의 실례 (갈 3:13-14)

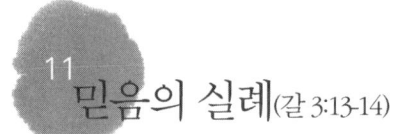

예수님께서는 제자들에게 믿음이 죽음과 같은 광풍에서도
그들을 구원할 수 있다고 가르치신 것이다. 죽음 앞에서도
가장 중요한 것은 성도 안에 있는 믿음인 것이다.

갈 3:13 그리스도께서 우리를 위하여 저주를 받은 바 되사 율법의 저주에서 우리
를 속량하셨으니 기록된 바 나무에 달린 자마다 저주 아래 있는 자라 하였음이라.

율법을 어기는 사람은 누구든지 율법을 어긴 죄의 대가를 치러야 한다. 그 죄의 대가란 영원한 죽음, 영원한 하나님과의 단절, 영원한 하나님의 진노, 영원한 하나님의 심판을 말한다. 죄의 대가는 왜 그토록 가혹한 대가일까? 이유는 하나님의 속성이 죄와는 전혀 상관이 없으신 거룩하신 창조주이시기 때문이다. 죄가 없으신 하나님의 거룩에 비추어 보면 죄인은 어디에도 설 수 있는 자리가 없다. 또한 하나님 자신조차도 죄를 그냥 눈감아 넘기실 수 없으시다. 이러한 참혹스런 율법의 저주는 영원하며 다시 회복될 가능성이 없는 것이기에 모든 인간은 반드시 죽어야 하고 영벌을 받아야 한다.

그런데 예수 그리스도께서 우리의 죄를 위하여 대신 율법의 저주를 받으셨다. 율법의 저주에 따라 죄의 값을 속량하시기 위해 즉 죄 값을 치르

시기 위해 십자가에 달려 죽으셨다. 십자가는 나무로 만든 극형 틀이었다. 극악무도한 사형수에게나 해당하는 사형집행 도구였다. 더구나 구약 성경은 기록하기를 나무에 달린 자마다 하나님께 저주를 받아 죽은 것이라고 단정한다.

> 신 21:23 그 시체를 나무 위에 밤새도록 두지 말고 당일에 장사하여 네 하나님 여호와께서 네게 기업으로 주시는 땅을 더럽히지 말라. 나무에 달린 자는 하나님께 저주를 받았음이니라.

나무에 달린 자라도 나무 위에 밤새도록 두지 말 것은 하나님의 거룩하신 땅을 더럽히지 말라는 이유 때문이었다. 그만큼 십자가 나무는 저주스런 하나님의 심판대를 가리킨다. 그 십자가에 예수님께서 달려 죽으심은 오직 나의 영혼을 살리시려는 하나님의 구원의 은총 때문이었다. 한 때 세례 요한도 예수님께서 진짜 구세주이신지 의심하였다. 그만큼 예수님의 용모는 평범했고 마른 땅 위에 솟아나는 어린 순같이 연약해 보였다. 십자가에 달려 죽으시는 예수님을 보고 많은 사람들이 당연히 죽어야 할 죄인이라 생각했다. 예수님의 기적과 이적을 맛보고도 사람들은 그 분께서 숭고한 대속의 역사를 위해 죽으시고 계심을 깨닫지 못했다. 그토록 예수님의 죽으심은 하찮아 보였고 대수롭게 들리지 않았다. 십자가상의 예수님을 보면서도 그 분의 죽음을 구경하던 사람들의 입에서 나오는 말은 하나님의 진노와 저주를 받아도 싸다는 무지와 능멸뿐이었다. 예수님께서는 실로 죄인을 위해 대신을 가혹한 죽음의 심판을 받으신 거룩하신 하나님의 아들이시다.

갈 3:14 이는 그리스도 예수 안에서 아브라함의 복이 이방인에게 미치게 하고 또 우리로 하여금 믿음으로 말미암아 성령의 약속을 받게 하려 함이니라.

믿음으로 말미암아 받는 성령의 약속이란 각 사람의 영혼이 장차 임할 대심판에서 구원받을 것이란 약속을 뜻한다. 오늘 우리는 '믿음으로 말미암아' 란 단어가 얼마나 중요한지 또 한번 알고 넘어가야 한다. 신약에서 특히 예수님의 가르침에서 우리에게 수없이 믿음의 중요성이 강조되고 있다. 어느 백부장의 사랑하는 종을 살리실 때에 예수님께서는 그 백부장의 믿음을 가리켜 이렇게 칭찬하셨다. "내가 너희에게 이르노니 이스라엘 중에서도 이만한 믿음은 만나 보지 못하였노라" (눅 7:2-10). 예수님께서는 장로들이 말한 바 그 백부장이 유대 민족을 사랑하고 또한 그들을 위하여 회당을 지은 것으로 그를 칭찬하지 않았다. 이스라엘 백성도 가지지 못한 믿음, 즉 예수님의 말씀을 순전히 믿으면 비록 하인 곁에 없었을지라도 하인의 병이 예수님의 말씀만으로 나음을 받을 것이란 백부장의 믿음을 인증해 주신 것이다.

예수님께서 시몬이란 바리새인의 집으로 초대를 받아 가셨을 때, 그 소식을 들은 어느 죄인이라 불리던 여인이 예수님께 다가왔다(눅 7:36-50). 그녀는 값 비싼 향유를 예수님의 머리에 부었고 예수님의 발에 그치지 않고 입을 맞추었다. 예수님께서는 시몬에게 죄의 탕감 정도가 많은 사람이 더욱더 많이 남을 사랑하게 될 것이라고 가르치셨고, 그 여인에게 다음과 같은 위대한 말씀을 남기셨다. "네 죄 사함을 얻었느니라." 이에 대해 함께 앉은 자들이 속으로 말하되 이가 누구이기에 죄도 사하는가 하고 속으로 힐문하였다. 그들의 마음을 아시는 주님께서 그녀에게 말씀하셨다. "네 믿음이 너를 구원하였으니 평안히 가라." 여기서 예수님께서는 그녀의 착한 행위가 그녀를 구원하였다고 하시거나 그녀의 열심을 영원히 기억해 두시리라고 말씀하지 않으셨다. 그녀가 예수님께로부터 인증받은 것은 그녀의 믿음이었다. 즉 예수님께서는 그날 저녁 그녀가 행한 모든 일들 속에 숨겨진 그녀의 믿음을 인증해 주신 것이다. 그녀는 믿음을 평가받은 것이지, 그녀가 행한 행위를 평가받은 것이 아니었다. 그녀가 스스로 예수님을 찾아가 향유를 붓고 발에 입 맞추게 만든 것은 그녀 안에 있던 믿음이었다.

예수님께서 제자들과 함께 배를 타고 호수를 지날 새 잠시 잠이 드셨고 그 사이 광풍이 호수에 내리쳐 배에 물이 들어오기 시작하였다(눅 8:22-25). 목숨이 위태롭게 느껴지자 제자들은 예수님을 깨웠고 예수님께서는 즉시 광풍을 가라앉히셨다. 그러면서 예수님께서 제자들에게 남기신 위대한 말씀이 있으셨다. "너희 믿음이 어디 있느냐." 예수님께서는 왜 기도하지 않았느냐고, 광풍에 놀라지 않았느냐고 제자들에게 말씀하지 않으셨다. 예수님께서는 이미 이 사건이 일어날 줄을 아셨고 무슨 교훈을 남기셔야 할지도 아셨다. 예수님께서는 제자들에게 믿음이 죽음과 같은 광풍에서도 그들을 구원할 수 있다고 가르치신 것이다. 죽음 앞에서도 가장 중요한 것은 성도 안에 있는 믿음인 것이다.

야이로라 불리는 회당장의 간구로 예수님께서는 그의 외딸을 살리시고자 야이로의 집으로 향하고 계셨다(눅 8:41-56). 가시는 도중에 어느 여인이 예수님의 옷자락에 손을 대었고 그 즉시 그녀의 오래된 혈루병이 나았다. 주위의 옹위하는 속에서도 예수님께서는 자신의 옷자락을 만진 여인을 찾으셨고 그녀를 만나주셨다. 그녀에게 남긴 예수님의 위대한 말씀은 "네 믿음이 너를 구원하였으니 평안히 가라" 였다. 예수님께서는 그녀의 과거를 알려고 하시거나 그녀의 용기를 칭찬하지도 않으셨다. 예수님께서는 그녀에게 있는 믿음을 인증해 주신 것이다. 예수님의 인증이야말로 천하보다 귀한 보배로운 구원의 약속이었다. 그녀의 지겨운 병마가 사라진 것은 그녀 안에 있던 믿음으로 말미암은 것이었다. 그녀는 단순히 시험 삼아 예수님의 옷자락을 만진 것이 아니었다. 그녀는 예수님을 믿은 고로 나아가 예수님의 옷자락을 만진 것이다.

혈루증이 나은 여인의 믿음과는 상반된 야이로 회당장 집 사람의 불신을 살펴보자.

> 눅 8:49-50 아직 말씀하실 때에 회당장의 집에서 사람이 와서 말하되 당신의 딸이 죽었나이다. 선생을 더 괴롭게 마소서 하거늘, 예수께서 들으시고 가라사대 두려워 말고 믿기만 하라 그리하면 딸이 구원을 얻으리라 하시고

야이로 회당장 집 사람이 예수님의 오심을 만류한 이유는 야이로의 외딸이 이미 죽은 까닭이었다. 이미 죽은 사람을 다시 살릴 수 있을 것이라 상상도 할 수 없었던 그는 예수님의 오심이 괜한 발걸음이라 생각하였다. 여기서 우리는 회당장의 집 사람에게서 예수님과 하나님의 능력에 대한 믿음이 전혀 없음을 알 수 있다. 그의 믿음 없음에도 불구하고 예수님께서

는 두려워 말고 믿기만 하라시면서 그리하면 딸이 구원을 얻으리라고 말씀하셨다. 여기서 구원이란 죽은 자가 다시 살아나는 것을 말하는 것이며, 더 나아가 영혼의 구원을 의미하고 있다. 딸아이를 위해 통곡하며 우는 사람들에게 아이가 죽은 것이 아니라 잔다고 말씀하실 때 사람들은 예수님을 비웃었다. 그들이 아는 것은 사람이 죽으면 다시는 돌이킬 수 없다는 현실뿐이다. 그들에게 믿음은 없었다. 그런데 예수님께서는 베드로와 요한과 야고보에게, 그리고 모든 성도들에게 당신의 능력을 통해 하나님의 영광을 높이시고자 믿음 없는 야이로 집안의 외딸을 살려주셨다. 이 구절들에서 우리는 믿기만 하라신 주님의 교훈을 잊지 말아야 한다.

    이러한 예수님의 가르침들은 믿음이 얼마나 중요한 구원의 인증을 받는 통로인지 가르쳐 준다. 믿음으로 말미암는 성령님의 구원 약속은 마치 구약 시대 아브라함에게 나타난 하나님의 약속과도 다르지 않다. 아브라함도 그의 믿음 있는 행위로 말미암아 하나님께로부터 의롭다 칭함을 받았고, 그가 누린 구원의 복을 다른 모든 신자들에게도 동일하게 미치는 모범이 되었다. 비록 아브라함이 예수님을 보거나 안 것은 아니지만 그는 그의 믿음을 통해 그의 구세주를 바라본 영광을 누린 것이다.

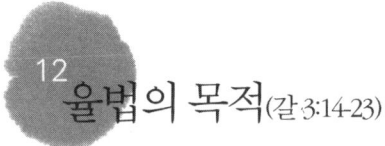

12 율법의 목적 (갈 3:14-23)

도대체 율법은 무엇이며, 왜 모세를 통해 이스라엘 백성에게 주어진 것일까? 성경의 대답은 사람의 범법함 때문이라는 것이다.

갈 3:14-15 이는 그리스도 예수 안에서 아브라함의 복이 이방인에게 미치게 하고 또 우리로 하여금 믿음으로 말미암아 성령의 약속을 받게 하려 함이라. 형제들아 사람의 예대로 말하노니 사람의 언약이라도 정한 후에는 아무나 폐하거나 더하거나 하지 못하느니라.

믿음의 조상 아브라함이 보지 못하는 가운데 바라고 기뻐했던 믿음의 대상은 장차 오실 구세주였다. 아브라함은 죽은 사람이라도 다시 살리실 수 있는 하나님의 능력을 믿고 자신의 외아들 이삭을 산 제물로 바치라는 하나님의 명령에 순종한 결과, 하나님께로부터 의롭다 간주받게 되었다. 하나님께서는 이삭을 죽도록 내버려두시지 않았다. 왜냐하면 이미 아브라함의 마음 가운데 있는 믿음을 보셨기 때문이다. 믿음으로 하나님의 명령에 순종한 아브라함에게 하나님께서는 영원한 구원의 약속을 보장해 주셨다. 그리고 아브라함은 모든 믿는 자들에게 믿음의 조상이라는 칭호도 받게 되었다. 아브라함처럼 모든 성도는 그들 각자의 믿음에 따라 구원

의 약속을 성령님께로부터 받는다. 아브라함이 죽은 지 수천 년이 지났고
아직 세상의 끝이 오지 않았다. 하나님께서 약속하시는 구원이란 세상 끝
날에 임할 마지막 심판을 면하고 영원한 천국에서 영생을 누리며 하나님
과 함께 하는 은혜를 말한다.

> 창 22:16-18 가라사대 여호와께서 이르시기를 내가 나를 가리켜 맹세하
> 노니 네가 이같이 행하여 네 아들 네 독자를 아끼지 아니하였은즉, 내가
> 네게 큰 복을 주고 네 씨로 크게 성하여 하늘의 별과 같고 바닷가의 모래
> 와 같게 하리니 네 씨가 그 대적의 문을 얻으리라. 또 네 씨(thy seed)로
> 말미암아 천하 만민이 복을 얻으리니 이는 네가 나의 말을 준행하였음이
> 니라 하셨다 하니라.

> 갈 3:16 이 약속들은 아브라함과 그 자손에게 말씀하신 것인데 여럿을
> 가리켜 그 자손들이라 하지 아니하시고 오직 하나를 가리켜 네 자손이라
> 하셨으니 곧 그리스도라.

여기서 "오직 하나를 가리켜"라 함은 창세기 22:18 앞부분에 나오는 "네
씨(thy seed)"가 단수로 쓰인 까닭이다. 바로 앞 구절 창세기 22:17에서는
"네 씨(thy seed)로 크게 성하여 하늘의 별과 같고 바닷가의 모래와 같게"
라면서 아브라함의 자손이 매우 많게 불어날 것을 말씀하셨다. 그런데 사
도 바울은 갈라디아서 3:16에서 창세기 22:18의 네 씨(thy seed)는 단수의
의미로 예수 그리스도 임을 명시하고 있다. 그 이유는 이렇게 말함으로써
갈라디아서 3:14의 "그리스도 예수 안에서 아브라함의 복이 이방인에게
미치게 하고"란 구절을 부연 설명하고자 하였다. 결국 아브라함이나 다

른 모든 신자들에게 미치는 구원의 복이 나오는 근원지는 예수 그리스도 한 분이시라는 것이다.

> 갈 3:17-18 내가 이것을 말하노니 하나님의 미리 정하신 언약을 사백삼십 년 후에 생긴 율법이 없이 하지 못하여 그 약속을 헛되게 하지 못하리라. 만일 그 유업이 율법에서 난 것이면 약속에서 난 것이 아니리라 그러나 하나님이 약속으로 말미암아 아브라함에게 은혜로 주신 것이라.

아브라함이 아직 생존할 당시에는 성문화된 모세의 율법이 없었다. 모세는 아브라함 이후에 430년이 지난 다음에야 하나님께로부터 율법을 받았다. 아직 율법이 있기 오래 전에 하나님과 아브라함 사이에 맺어진 언약은 하나님의 권위 그 자체로 견고하고 확고부동한 진리였다. 아브라함도 이삭도 야곱도, 또 모세가 율법을 받기 이전에 태어났다가 죽었던 모든 아브라함의 자손들도 그들의 믿음을 보고 주시는 하나님의 약속에 따라 훗날 심판의 때에 구원을 받을 것이다. 그리고 모세의 율법을 들은 이후의 모든 성도들도 마찬가지로 믿음에 의해 구원의 약속을 보장받는 것이다. 이것이 17-18절의 올바른 해석이다. 하나님의 약속이랄 수 있는 구원이 만일 율법에 따라 정해지는 것이라면 아브라함조차 율법 없이 죽은 고로 구원을 받을 수 없을 것이다. 그러나 18절의 말씀대로 하나님께서는 아브라함에게 구원의 은혜를 약속하셨다. 하나님의 은혜가 언약이라는 방법으로 아브라함에게 임한 것이다.

> 갈 3:19 그런즉 율법은 무엇이냐 범법함을 인하여 더한 것이라 천사들로

말미암아 중보의 손을 빌어 베푸신 것인데 약속하신 자손이 오시기까지
있을 것이라.

그렇다면 도대체 율법은 무엇이며, 왜 모세를 통해 이스라엘 백성에게 주어진 것일까? 성경의 대답은 사람의 범법함 때문이라는 것이다. 죄를 더욱 가공스럽게 확대 재생산하는 사람을 강제로 구금하여 지구상의 인류가 자멸하지 않도록 방지하기 위함이라는 설명이다. 시내산에서 모세가 율법을 하나님께로부터 받았다. 그 때 모세는 하나님과 사람 사이에 다리 역할을 하는 중보자의 상징이었다. 그 율법은 그 후 이스라엘 백성이 하나님을 올바르게 경배하는 지침서가 되기도 하였고 사람사이의 다툼과 분쟁을 중재하는 지침서가 되기도 하였다. 그리고 어느 날 예수님께서 이 세상에 오셨다. 모든 유대인들은 율법을 지키면 구원을 받는다고 믿었다. 그런데 예수님의 가르침은 예수님 자신을 믿는 자에게 구원이 임할 것을 말씀하시고 계신다. 따라서 율법은 다른 어떤 목적이 있어서 사람에게 주어진 것이며, 사람이 구원을 받는 것은 그의 믿음으로 말미암는다는 사실이 예수 그리스도로 인해 확증된다. 그렇다면 예수님께서 오신 이후로는 율법이 필요 없어진 것일까? 예수님의 답변은 천지는 없어질지라도 율법의 일점일획도 없어지지 않는다는 것이다. 도대체 율법의 목적은 무엇인가?

갈 3:20 중보는 한 편만 위한 자가 아니니 오직 하나님은 하나이시니라.

모세는 하나님과 인간 사이의 중보자 되시는 예수님을 상징하는 인물

이었다. 중보자란 본래 쌍방을 화해케 하는 사람이다. 중보자는 한 편만을 위할 수 없다. 여기서 사도 바울은 잠깐 "오직 하나님은 하나이시니라"는 구절을 기록하였다. 그 이유는 사람들이 행여나 중보가 사람들과 하나님 사이를 중재하는 것임을 오해하여 하나님이 아닌 다른 신과 사람과의 화해까지로 연장 해석할까 염려하였기 때문이다. 즉 사도 바울은 한 분이신 하나님과 수많은 성도들 간의 중보자 되신 예수님을 가리킨 것이다.

> 갈 3:21-22 그러면 율법이 하나님의 약속들을 거스르느냐. 결코 그럴 수 없느니라 만일 능히 살게 하는 율법을 주셨더면 의가 반드시 율법으로 말미암았으리라. 그러나 성경이 모든 것을 죄 아래 가두었으니 이는 예수 그리스도를 믿음으로 말미암은 약속을 믿는 자들에게 주려 함이니라.

하나님께서 주신 모세의 율법이 하나님의 약속과 서로 상반되거나 서로 거스르게 될까? 결코 그럴 수 없다. 만일 율법의 목적이 사람으로 하여금 이를 지켜서 구원의 의를 성취케 하는 것이었다면 누구든지 율법을 지킴으로써 의인이 되며 천국에 들어갈 자격을 가질 것이다. 그러나 성경은 모든 사람이 죄인 됨을 선언하면서 동시에 누구도 하나님의 거룩함에 100% 완벽하게 미치지 못하면 천국에 들어갈 수 없음을 밝히고 있다. 이렇듯 모든 인류가 죄인임을 선언함으로써 구원의 길이 오직 한 길 예수 그리스도로 말미암음을 강조한 것이다. 사도 바울은 또 한번 강조한다. "예수 그리스도를 믿음으로 말미암은 구원의 약속을 믿는 자들에게 주려 함이니라." 율법은 결단코 구원으로 이끌 수 없다. 하지만 예수님께서는 구원으로 죄인을 이끌 수 있으시다.

갈 3:23 믿음이 오기 전에 우리가 율법 아래 매인 바 되고 계시될 믿음의 때까지 갇혔느니라.

그렇다. 믿음의 주체되신 예수 그리스도께서 이 땅에 오시기까지 이스라엘 백성들은 모세의 율법 아래 매인 종과도 같았다. 그들이 숭상했던 모세의 율법은 그들을 구원하지 못했다. 아직 믿음의 주체되신 예수 그리스도께서 오시기 전까지 사람들은 율법의 틀 안에 갇혔던 것이다. 사람들이 의지했던 율법은 그들을 오히려 사망의 권세 하에 갇혀두는 옥쇄였다. 도대체 율법의 목적이 왜 처음부터 분명하게 드러나지 않았던가? 죄와 사망의 법으로 사람을 구속하는 악법처럼 두려움의 대상이었던가? 여기서 사도 바울이 표현한 바 "믿음이 오기 전에"서나 "믿음의 때까지"에서 믿음은 예수님의 상징이었다. 믿음의 주체요 믿음의 대상은 바로 예수 그리스도였다.

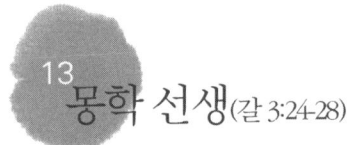

13 몽학 선생 (갈 3:24-28)

이제 우리는 율법이 궁극적으로 지향하는 것이
예수 그리스도를 의지하여 그 분을 믿으려는
겸비한 자세임을 알게 되었다.

갈 3:24 이같이 율법이 우리를 그리스도에게로 인도하는 몽학선생(schoolmaster)
이 되어 우리로 하여금 믿음으로 말미암아 의롭다(be justified by faith) 함을 얻
게 하려 함이니라.

이 구절에서 사도 바울의 율법과 믿음에 관한 그의 사상을 엿볼 수 있다. 또한 이 구절은 사도 바울이 이해한 예수님의 가르침이기도 한 진리이다. 구약의 하박국은 '믿음으로 말미암아 살리라' 는 구절로 기록하였다. 하박국 선지자의 글을 앞서 인용하기도 했던 사도 바울은 이제 하박국의 구절을 '믿음으로 말미암아 의롭다' 는 의미로 해석하며 결론을 내리고 있다. 앞서 제시한 '율법의 목적이란?' 에 대한 문제의 해답은 갈라디아서 3:24에서 찾을 수 있다. 율법의 목적은 우리로 하여금 믿음으로 말미암아 의롭다 함을 얻게 하려는 것이다. 율법은 믿음으로 말미암는 의로움에 대해 가르친 것이다. 이를 달리 표현하면 우리를 그리스도에게로 인도하는 교장 선생 또는 훈장 선생과 같은 것이다. 어느 나라를 막론하고 훈장 선

생님은 겉으로 보기에 엄격하고 딱딱해 보인다. 그럼에도 불구하고 부모님들이 그들의 아이들을 엄격한 훈장 선생님께 맡기는 이유는 참되고 좋은 교육을 받게 하기 위함이다. 모세가 전해준 하나님의 율법은 죄에 빠져 있는 죄인을 구세주 예수님께로 인도해 주는 사명을 가지고 있었다. 율법의 정신은 하나님의 거룩과 사랑을 내포하고 있으며, 율법은 분명 이를 지키려는 사람에게 율법의 정신을 온전히 가르쳐준다.

> 갈 3:25-26 믿음이 온 후로는 우리가 몽학선생 아래 있지 아니하도다. 너희가 다 믿음으로 말미암아 그리스도 예수 안에서 하나님의 아들이 되었으니.

25절은 자칫 율법과 믿음이 별개의 목적을 지향하는 다른 내용처럼 들린다. 구약 시대에는 모세의 율법을 지켜야 구원에 이르고, 신약 시대에는 예수님의 십자가를 믿어야 구원에 이른다고 생각해 버리기 쉽다. 그렇다면 하나님께서 주신 모세의 율법은 예수님 이후로는 더 이상 아무런 효력도 가치도 없어진 것인가? 아니다. 여기서 '믿음이 왔다' 함은 이 땅에 예수 그리스도께서 구세주로 오셨음을 말한다. 왜냐하면 여기서 믿음이란 믿어야 할 대상 되신 예수 그리스도를 상징적으로 나타내 보이는 단어이기 때문이다. 그러면 예수님께서 이 땅에 오심으로써 우리에게 더 이상 몽학선생 되는 율법이 필요 없어진 것일까? 이는 자칫 잘못 오해할 만한 구절이다. 그러나 답은 간단하다. 여기서 사도 바울은 예수님께서 오심으로써, 우리가 율법의 요구를 지킴으로 구원에 이르는 것이 더 이상 아님을 강조하고자 하였다. 즉 성도는 율법 아닌 은혜 아래 있는 사람들이 되었기 때문이다. 그리스도께서 오시기 전에, 그리고 그리스도께서 죽으시고 다시 살아나신 후 그 분의 제자들에게 자신을 나타내 보이시기 전에, 오순절의 성령 강림이 임하기 전에, 사람들은 그리스도가 누구신지 무엇 때문에 십자가에서 죽어야 했는지 참 이유를 몰랐다. 예수님께서는 그 분의 지상에서의 공생애 기간 동안 믿음에 대해 수없이 강조하고 되풀이하여 설교하셨다. 그 분의 설교를 들으면서도 그 분의 기적을 체험하면서도 사람들은 그 분의 의도를 깨닫지 못했다. 이제는 깨닫게 된 예수님의 능력과 그 분의 대속 역사를 보면서 사도 바울은 믿음의 대상되신 예수 그리스도의 은혜 아래 있는 참 자유함을 율법의 속박에 빗대어 설명하는 것이 가장 적절하다고 생각하였다. 그래서 나온 구절이 25절이었다. 그리스도께서 이 땅에 오심으로써 참된 평화와 영광이 이 땅에 비쳐졌기에, 우리에게 오랜 세월 구전되어온 구약 전통과 율법의식 아래 여전히 구속되는 것은 예수님의 구속 사역에 대비해 볼 때 참을 수 없는 것이었다. 믿음으로 말미암아 의로워진 성도는 더 이상 율법 아래 속박되지 않는다는 구원의 도를 만방에 전하는 사도 바울의 심정이 본 구절에서 진하게 배어 나온다. 우리는 더 이상 앞서 정의한 바 몽학선생 되는 율법 아래 있지 않다는 것이다. 그 대신 성도는 하나님의 은혜로 그 분의 아들 구세주 예수 그리스도를 믿게 되었으며, 오직 믿음으로 말미암아 성도도 그리스도 예수 안에서 하나님의 아들이 되었다는 사실이다. 할렐루야!

 과거 구약 시대에 사람이 하나님의 아들과 같이 된다는 생각은 상상도 할 수 없는 신성 모독죄와 같아서 즉각적으로 돌로 쳐 죽임을 당해야 했다. 예수님조차도 유대인들에게 붙들려 대제사장 앞에 끌려갔을 때, 다른 모든 증거에도 불구하고 그 분의 죄를 들쳐 내보이지 못했으나, 대제사장은 둘러싸인 사람들 속에서 예수님께 물었다. 네가 정녕 하나님의 아들이냐고. 그 전에 예수님께서는 많은 사람들 사이에서 자신이 하나님의 아들이심을 증거하셨었다. 그 분의 증거가 참된 것은 자신이 아닌 하나님께서 자신의 주장을 증거 하신다고도 했다. 그런데 그렇게 앞서 공개된 증거에도 불구하고 대제사장은 어떤 답변이 나올지 아는 뻔한 질문을 예수님께 던진 것이다. 예수님께서는 자신을 신성 모독죄로 몰아가려는 대제사장의 간교한 질문에 그렇다고 간단히 대답하셨다. 그러면서 부연하시길 장차 예수님께서 이 세상 끝 날에 하늘로부터 구름 타고 강림하실 것임을 예언하셨다. 예수님의 답변에 대한 대제사장의 반응은 의도적이라 할 만큼 치밀하였다. 그는 자신의 제사장 직분 옷을 찢어가면서까지 예수님께 신성 모독죄를 언도하였다. 대제사장의 반응에 이어 둘러싼 사람들의 공세는 즉각 나타났다. "저는 사형에 해당하니라"(마 26:66).

 성도가 하나님의 아들이 된다는 사상은 초대 교회 당시에만 해도 가히 혁명적이라 할 만큼 파격적인 메시지였다. 자신을 하나님의 아들이라 주장하실 때 사람들은 예수님을 몇 번이고 돌로 치려고 한 적이 있었다. 그 때 예수님의 답변 중에는 구약에 나오는 시편 구절을 인용하시며 하나님께서 너희를 신의 아들이라 부르지 않더냐고 성경을 상기시키셨다. 하지만 사람들은 예수님의 진리를 아직 깨닫지 못하였다. 그래서 그들은 그리스도를 십자가에 못박아 죽인 것이다. 사도 바울은 성도가 예수 그리스도를 믿음으로 모두가 하나님의 아들이 되었음을 또다시 선언하고 있다. 이는 사실이며 진리이다. 하나님의 아들이 되었다 함은 맏아들 되시는 예수 그리스도께서 누리는 상속의 복을 함께 누리게 되는 것이며, 그 복은 생명의 부활로 다시 하나님 앞에 서게 되는 복이다. 그리스도를 믿는다는 것이 얼마나 엄청난 결과를 가져오는지 생각해 보라. 그것은 죽음의 수렁에서 끌어올려짐으로도, 또는 천길 낭떠러지에서 구원을 받는 것으로도 가히 비교가 안 된다.

> 갈 3:27 누구든지 그리스도와 합하여 세례를 받은 자는 그리스도로 옷 입었느니라.

성도는 이제 하나님의 은혜 아래 있으며 그리스도 안에 있음을 잊지 말아야 한다. 이는 실로 놀라운 경이이다. 성도는 그리스도와 합하여 그 분과 하나 된 지체가 되었다. 성도의 머리가 되어주시는 예수님은 바로 하나님 자신이시다. 지극히 크고 광대하신 전지전능의 주님께서 나와 하나가 되어 주시고 내 안에 거하시며 나도 또한 그 분 안에 거하도록 만드신다는 사실이다. 예수님께서 부활하신 후 무덤에 남겨 놓으신 세마포 흰옷을 기억하는가? 십자가에 달리시며 벗김을 당하신 옷은 로마 병사들 손에 의해 나눠지고 사라졌다. 하지만 무덤에 개어 놓으신 그 분의 세마포 흰옷은 바로 나를 위해 남기신 의의 옷이다. 그 세마포 흰옷은 부활하신 주님께서 나를 장차 생명으로 부활시키신다는 약속을 담고 있다. 그 옷을 주님은 나에게 허락하시며 입으라고 말씀하신다. 성도는 그리스도로 옷을 입어 이제는 더 이상 발가벗지 않은 하나님의 거룩한 백성이 된 것이다. 우리가 교회에서 공식적으로 물세례를 받으며 자신의 믿음을 공언하게 된다. 그런데 성도는 물세례 이전에 이미 그리스도와 합하는 성령의 세례를 받은 거룩한 몸이다.

> 갈 3:28 너희는 유대인이나 헬라인이나 종이나 자주자나 남자나 여자 없이 다 그리스도 예수 안에서 하나이니라.

그리스도 예수 안에 거하고 예수님과 더불어 합하여 하나의 지체가 된다 함은 하나님의 능력과 은혜에는 구별이 없음을 보여준다. 모세의 율법을 전수받은 유대인이나 하나님으로부터 버림받았다고 간주되던 이방 헬라인이나 하나님의 구속 사역에는 구별이 없다. 자유로운 자주자나 그렇지 못한 종이나 남자나 여자나 구별 없이 모두가 그리스도 예수 안에서 하나가 된다. 하나님께서는 한 분이시며 만유의 유일한 창조주이심과 같이, 믿음으로 말미암아 의로워지는 성도는 그들의 태어난 신분이나 나라나 태생에 아무런 상관이 없이 그리스도 안에서 하나 된 지체이다. 특히 이방 선교를 위해 부름 받은 사도 바울에게 28절의 천명은 누구보다도 감격스런 고백이다. 자신의 전통적 유대신분에도 불구하고 한때 자신이 핍박하던 예수님을 이방인들에게 구별 없이 전파하려는 사도 바울의 심정이었다. 이제 우리는 율법이 궁극적으로 지향하는 것이 예수 그리스도를 의지하여 그 분을 믿으려는 겸비한 자세임을 알게 되었다. 율법이 나를 구원하는 통로가 아니었다. 율법은 오히려 나를 정죄하고 죽음으로 단죄하였다. 하지만 그리스도 예수 안에서 우리는 믿음으로 말미암는 구원의 빛을 보았다. 예수 그리스도를 믿음으로 이제는 하나님의 아들이 되었다. 우리의 신분은 영원히 인증된 신분이다.

14 후견인과 청지기 (갈 3:29-4:9)

모세의 율법을 통해 하나님의 의를 필요하도록 만들려는
율법의 원래 목적은 잊혀지고 유대인들은
율법 자체를 우상화한 것이다.

갈 3:29 너희가 그리스도께 속한 자면 곧 아브라함의 자손이요 약속대로 유업을 이을 자니라.

오늘의 갈라디아서 구절들을 읽어보면 사도 바울의 신앙 사상의 분명한 선을 알게 된다. 유대인으로 태어나 철저하도록 유대교를 배우고 익힌 그가 분기충천하여 그리스도인들을 핍박하다가 일순간에 예수님을 만났다. 그 이후로 그의 이전 사상과 관념이 모두 무너지고 그는 기독교의 핵심 교리를 전파하며 기록한 사도로 살다 주님께 부름을 받았다. 하나님께서 유독 사도 바울의 서신들을 다수로 성경에 포함되도록 하신 이유는 그에게 기독교의 진리를 다른 누구보다도 가장 정확하게 깨닫는 은혜를 주셨기 때문이다. 사도 바울은 과거 철두철미한 유대교 율법주의자였다. 그러던 그가 예수님을 알고 나서 그리고 하나님의 진리를 깨달으면서 그는 모세를 통해 전해진 하나님의 율법과 예수 그리스도를 정점으로 하는 십자가의 은혜가 분명 다르다는 사실을 알리지 않으면 안 되었다. 초대 교회

당시 예수님을 믿게 된 유대인들조차 율법과 은혜의 차이를 명확히 알지 못하여 그릇된 편견과 가르침을 전하게 되었다. 사도 바울은 이를 올바르게 시정해야 했다.

하나님의 은혜로 그리스도를 구세주로 믿게 된 성도들은 그리스도 안에 거하며 그리스도께 속한 지체들이다. 그들은 하나님의 아들(26절)과 방불케 되었으며, 당연히 믿음의 조상 아브라함의 참된 자손이 되었고 아브라함에게 말씀하신 하나님의 약속대로 천국의 유업을 상속받을 자격도 갖추게 되었다. 성도는 세상 끝날 천국으로 모아질 선택된 보화들로써 영생의 복과 은혜를 영원토록 누리게 된다. 믿음으로 말미암아 의롭다 정해진 성도는 하나님의 아들들인 셈이다.

> 갈 4:1-2 내가 또 말하노니 유업을 이을 자가 모든 것의 주인이나 어렸을 동안에는 종과 다름이 없어서, 그 아버지의 정한 때까지 후견인과 청지기 아래 있나니.

예수 그리스도와 함께 장차 임할 천국을 유업으로 이을 성도는 그리스도와 함께 천국에서 왕 노릇하는 영광을 누릴 것이며 하나님께서 지으신 모든 것을 성도는 소유하게 될 것이다. 천국의 주인과도 같은 성도에게는 각기 다른 성장 과정이 있었다. 그들도 예전엔 다른 이들과 같이 하나님을 대적하는 이방인들이었다. 아직 그들이 그리스도에 대한 믿음이 없었던 당시를 회고해 보자. 그들의 인생에 나타나신 그리스도를 아직 몰랐던 당시 말이다. 이를 가리켜 사도 바울은 마치 아버지의 정한 때까지 후견인과 청지기 아래 있는 것으로 비유하고 있다. 하나님께서는 그 분의 택하신 사람이 성도가 되기 전에 어떤 후견인과 청지기 아래 있도록 하셨다는 비유이다.

> 갈 4:3 이와 같이 우리도 어렸을 때에 이 세상 초등 학문 아래 있어서 종 노릇하였더니.

성도가 되기 전에 우리는 어떻게 살았던가. 우리가 어렸을 때를 회고해 보자. 우리가 소위 안다고 하는 것, 세상의 지식과 지혜가 무엇이었으며 어떠했던가. 단지 세상의 초등 학문일 뿐이었다. 사람들은 그들의 많은 지식과 논리와 이성을 모으고 집대성하며 고등학문이라고 자랑할지 모르나, 사도 바울에게는 한낱 세상 초등 학문일 뿐이다. 우리가 아직 성도가 되기 전에, 아직 그리스도를 듣고 믿기 전에 우리는 이 세상 초등 학문이라는 후견인과 청지기 아래 있으며 그 초등 학문에 종 노릇하고 있었던 것이다. 우리가 세상 초등 학문을 다스리는 존재가 아니었고 오히려 세상 초등 학문에 종 노릇하던 존재였다는 사실이다. 그러면서 사도 바울은 우리가 알고 있다며 뽐내던 세상 초등 학문을 율법으로 대비시키고 있다. 우리가 전해들은 세상의 초등 학문에 대한 숭배는 마치 모세의 율법을 전수받은 유대인들이 율법을 우상화하던 것과 동일하다. 모세의 율법을 통해 하나님의 의를 필요하도록 만들려는 율법의 원래 목적은 잊혀지고 유대인들은 율법 자체를 우상화한 것이다. 그들은 율법의 요구를 모두 들어주는 것이 하나님의 의를 이룬다고 착각한 것이다. 그들은 율법이라는 후견인과 청지기 아래 있으면서 장차 도래할 천국으로의 입성을 준비하지 못하고 도리어 후견인과 청지기에게 종 노릇하고 있었다.

> 갈 4:4-5 때가 차매 하나님이 그 아들을 보내사 여자에게서 나게 하시고
> 율법 아래 나게 하신 것은, 율법 아래 있는 자들을 속량하시고 우리로 아
> 들의 명분을 얻게 하려 하심이라.

아직 우리가 세상의 초등 학문에 견주는 율법 아래 종 노릇하고 있을 때, 하나님께서는 그 분의 독생자 그리스도 예수를 이 땅에 보내셨다. 그리스도께서 죄성을 가진 여자의 몸에서 탄생하시고 세상을 주관하는 율법 아래서 자라게 하신 하나님의 계획과 의도는 무엇이었던가? 성경은 기록하기를 비록 예수님께서 죄성을 가진 여자의 몸을 빌려 태어나시고 사람의 손을 빌려 자라셨어도 예수님께는 아무런 죄가 없음을 천명하고 있다. 예수님께서는 사람이 아닌 성령님의 역사 가운데 태어나신 하나님의 본체이시기 때문이다. 아직 율법이라는 세상 초등 학문 아래에 종 노릇하는 사람의 몸으로 태어나신 이유는 바로 그 율법 아래 있는 사람들을 구원하시고자 하심이었다. 사람이 겪어야 할 율법 아래 종 노릇하는 모양으로 이 세상에 보내지신 이유가 바로 사람을 구원하시어 율법으로부터 자유롭게 만드시기 위함이었다. 그 구원의 유일한 방법이 십자가에서의 속량, 대속이었다. 십자가에서의 죽음과 부활로써 예수님께서는 자신이 진실로 하나님께로부터 보냄을 받으신 구세주이심을 증거하셨고, 하나님께서는 이를 성령 강림으로도 인증해 주셨다. 이제 세상 초등 학문이었던 율법이라는 후견인과 청지기 아래 종 노릇하던 우리가 그리스도를 믿게 되었을 때, 하나님께서는 우리를 그 분의 아들로 삼으실 명분을 얻게 되셨다. 하나님

께서조차도 스스로 율법을 어기지 않으시면서 율법 아래 종 노릇하는 우리를 구원하시어 그 분의 아들로 삼으실 명분을 얻으려 하셨다. 그 명분이 바로 십자가에 달리신 예수 그리스도이시다. 죄가 전혀 없으신 예수님께서 율법 아래 있는 사람의 형상으로 태어나셔서 율법의 정죄를 받아 십자가에 달리심으로써 율법은 더 이상 사람을 자신의 권세 하에 둘 수 없게 되었다. 사람이 그리스도를 믿음으로 말미암아 이러한 속량의 역사가 권능적으로 이뤄지도록 인도하시는 분이 하나님이시다. 율법이 성도를 더 이상 구속할 명분이 없어진 만큼 하나님께서 성도를 그 분의 아들로 삼으실 명분이 생긴 것이다.

> 갈 4:6-7 너희가 아들인 고로 하나님이 그 아들의 영을 우리 마음 가운데 보내사 아바 아버지라 부르게 하셨느니라. 그러므로 네가 이 후로는 종이 아니요 아들이니 아들이면 하나님으로 말미암아 유업을 이을 자니라.

오랜 후견인과 청지기 아래 있던 우리가 하나님의 아들이 되었다. 이제 하나님께서 우리의 믿음을 성령님으로 인증하여 주신다. 즉 예수님께서 약속하신 보혜사 성령님께서 성도에게 임하시게 되었다. 하나님께서는 그 분의 아들들이 된 성도에게 성령님께서 거하도록 하심으로써 성도가 하나님을 향하여 아바 아버지라 부를 수 있도록 인도하시며 역사하신다. 율법 아래에서 하나님의 은혜 아래로 옮겨진 것이다. 성도에게 하나님의 나라를 유업으로 상속받을 권리가 생긴 것이다. 성도는 더 이상 율법의 종이 아니라 하나님의 아들이 되었다. 그러므로 성도는 천국을 유업으로 이을 상속자가 된 것이다. 과거에 우리는 하나님을 알지 못한 채 하나님이 아닌 자들 곧 세상의 초등 학문과 같은 율법에 종 노릇하였었다.

> 갈 4:8-9 그러나 너희가 그 때에는 하나님을 알지 못하여 본질상 하나님이 아닌 자들에게 종 노릇하였더니, 이제는 너희가 하나님을 알 뿐더러 하나님의 아신 바 되었거늘 어찌하여 다시 약하고 천한 초등 학문으로 돌아가서 다시 저희에게 종 노릇하려 하느냐.

이같이 놀라운 변화가 발생한 성도가 어찌 다시 약하고 천한 세상 초등 학문으로 되돌아가 저희에게 종 노릇할 수 있을까? 이것이 사도 바울의 울분이자 반론이었다. 하나님을 알 뿐더러 하나님께서 인정하시는 천국 유업을 이을 상속자가 어떻게 다시 하나님의 은혜 아닌 율법으로 되돌아가 율법의 요구에 종 노릇할 수 있는가? 율법은 나를 구원할 능력도 없는 약하고 천한 초등 학문과 같았다. 오히려 율법은 나를 정죄하여 영벌의 심판을 받도록 한 폭군이 아니었던가? 사도 바울의 기독교 사상을 다시금 되새겨 보라. 율법주의자였던 그에게 율법은 하나님의 은혜에 비하면 약하고 천한 초등 학문에 불과한 것이다. 그렇다고 그가 율법을 폐기한 것은 아니다.

15 참된 자유함 (갈 4:10-15)

성령님의 인도하심에만 순종하면 100% 온전한(거룩한) 삶을 살 수 있다고 가르치는 것보다 100% 온전하신 하나님의 거룩을 바라보며 성령님의 인도하심에 철저히 순종하라고 가르치는 것이 올바른 가르침이다.

갈 4:10-11 너희가 날과 달과 절기와 해를 삼가 지키니, 내가 너희를 위하여 수고한 것이 헛될까 두려워하노라.

예전에 로마서를 설교하면서 사람이 성도가 되기 전에는 죄와 사망의 법 아래 종 노릇하더니, 진리 되신 그리스도를 믿음으로 말미암아 성도가 되면서부터 생명과 성령의 법 아래 순종하는 그리스도의 지체가 된다고 말하였다. 전에는 사람을 죄와 사망으로 정죄하던 율법의 요구가 십자가의 구속으로 인하여 더 이상 그 정죄의 효력이 사라졌다. 이제 성도는 더 이상 율법 아래 종 노릇하는 신분이 아니다. 성도는 하나님의 아들이요 영생의 구원을 약속 받은 상속자이다. 그러면 사람에게 죄를 깨닫게 하고 그리스도를 믿도록 인도했던 몽학선생 되었던 율법은 성도에게 이제는 무엇이며 어떤 관계를 계속 지속하게 되는 것일까? 천지는 없어져도 율법의 일점일획도 사라지지 않는다던 예수님의 외침을 기억해 보라. 성도는 율법의 모든 요구를 이미 십자가에서 다 치렀다. 물론 성도의 노력과 열심으로 성취된 것은 아니었다. 그리스도 예수님의 대속과 속량의 결과가 성도에게 전가된 것이다. 사도 바울은 죄인으로부터 하나님의 아들로 변화된 성도에 대한 율법의 기능까지 설명하진 않았다. 그는 성도가 아닌 죄인에 대한 율법의 목적과 기능을 강조했었다. 그러면 성도에게는 율법이 필요 없어진 것일까? 그렇지 않다. 성도는 모세의 율법보다도 더 차원 높은 생명과 성령의 법 아래로 들어온 것이다. 과거 유대인들은 남의 물건을 탐내거나 다른 사람을 속으로 미워하거나 다른 여인에게 음욕을 품는 것만으로는 죄가 성립되지 않는다고 생각했다. 사람의 마음에 있는 것을 행동으로 실행할 때 비로소 죄가 형성된다고 믿었다. 하지만 예수님의 가르침은 그들의 유전된 전통과 달랐다. 예수님께서는 마음에 죄악을 품는 것만으로도 이미 죽을 죄인이 된다는 사실을 가르치셨다. 따라서 모세의 율법보다도 생명과 성령의 법은 더욱 차원 높은 의의 수준과 경지를 요구한다고 볼 수 있다. 그런데 그리스도께서는 이러한 거룩과 의의 정도에 이르지 못하는 성도의 죗값도 모두 십자가에서 대신 치르신 것이다.

예수 그리스도를 믿게 된 성도는 이제 율법이 아닌 생명과 성령의 법 아래서 하나님의 통치를 받으며 사는 사람이 되었다. 하나님께서는 성도에게 내주하시는 성령님의 사역을 통해 성도와 영적으로 교제하시며 성도가 마땅히 가야 할 의와 거룩의 길을 보여주신다. 성도는 성도로서의 길 곧 좁고 협착한 자기 십자가의 길을 가게 된다. 그 십자가의 길이란 성도마다 다르며 그 좁은 길은 성도의 힘만으로는 가기 어려운 길이다. 성령님께서 함께 하실 때 비로소 내디딜 수 있는 성화와 영화의 길이다. 예수님을 믿음으로 성도가 된 후에 해야 할 일이 모세의 율법을 지키는 일이었다면 예수님께서는 굳이 십자가의 고난을 당할 필요가 없으셨다. 성도가 되기 전에나 후에도 성도는 율법을 온전히 지킬 수 없는 존재임을 인정해야 한다. 더구나 구문으로 쓰인 율법과는 다른 생명과 성령의 법조차도 성도는 온전히 지키기가 거의 불가능하다 해도 과언이 아니다. 하나님께서 성도들 구원하신 것은 이제는 율법을 100% 잘 지킬 줄 아는 사람으로 만들기 위해서가 아니었다. 성도가 아직 세상에 숨을 쉬고 사는 동안에 성도는 얼마든지 실수할 수 있고 불의에 빠질 수도 있다. 성령님의 인도하심에만 순종하면 성도가 100% 온전한(거룩한) 삶을 살 수 있다고 가르치는 것은 온당치 못한 가르침이다. 성도는 죽는 순간까지도 하나님의 거룩에 비추어 볼 때 여전히 부족하다. 그래도 100%에는 미흡하지만 최선을 다해 하나님께 순종하다 주님께 불려가는 것이 아름답다고 치하할지 모른다. 이같이 살려는 성도에게서 우리는 참된 자유함을 엿볼 수 없다. 어딘가 모르게 부자유스러운 상태에서 고단한 인생을 악착같이 살다가 가는 사람처럼 들린다.

그러면 도대체 생명과 성령의 법은 어떠하며 얼마만큼 지켜야 하는 것인가? 내가 찾은 해답은 성도는 항상 자신의 부족함을 인정하는 후회와 회심의 심령을 가지라는 것이다. 주님의 평강과 은혜 가운데 참된 자유함을 누리면서도 주님의 말씀에 자신을 비추어 행위의 온전함과 절제함을 가지는 심령을 가져야 한다. 왜 사도 바울이 성도의 신앙생활에 율법이란 용어를 동원하지 않으려 했는지 배워야 한다. 그 대신 생명과 성령의 법이란 용어를 사용하였다. 왜냐하면 이 둘은 서로 추구하는 목적이 다르고 동기도 다르기 때문이다. 전자는 죄를 깨닫고 자신을 구원해 줄 구세주를 찾게 만들며 구원을 위한 욕구를 동기로 한다. 하지만 후자는 하나님의 거룩한 의를 추구하며 성령님의 인도하심에 순종하려는 동기를 가진다. 이 둘은 전혀 다른 내용이며 동전의 양면성으로 보기에는 이해하기가 오히려 어려워진다. 후자의 목적과 동기를 가진 성도는 스스로 의를 쟁취하거나 스스로 온전한 사람이 되려는 자세를 가지지 않는다. 과거 성도가 되기 전에는 그랬다. 하지만 이제는 다르다. 정녕 달라졌다. 성도는 자신의 부족함과 나약함을 더욱 깊이 알게 되어 그를 인도하시는 성령님께 갈구하며 기도하는 사람들이다. 그들이 생명과 성령의 법을 좇게 되는 동기와 힘은 하나님의 사랑과 은혜에서 부여받는다. 자신이 이제는 구원받은 몸이며 하나님의 아들이라는 신분의식에 매여 스스로 자신을 이끌어 가는 사람이 아니다. 오히려 날이 갈수록 하나님의 나라가 가까이 올수록 더욱 근신하여 하나님의 은혜로운 인도하심을 의지하려는 사람이다. 그들이 참된 성도요 알곡이다. 내가 아직 온전히 구원을 이루었다 함도 아니라는 사도 바울의 고백을 잊지 말라. 천국을 향해 달음질하는 성도의 마음은 언제나 하나님께 있다. 성령님의 인도하심에만 순종하면 성도가 100% 온전한(거룩한) 삶을 살 수 있다고 가르치는 것보다 100% 온전하신 하나님의 거룩을 바라보며 성령님의 인도하심에 철저히 순종하라고 가르치는 것이 올바른 가르침이다. 내가 성령님께 순종함으로써 무엇인가 이룰 수 있다는 가르침보다는 나는 아무것도 이룰 수 없을지라도 성령님께 철저히 순종하는 것이 성도의 자세라고 가르쳐야 한다.

그리스도를 믿은 후에도, 거룩한 하나님의 자녀가 되었음에도 불구하고 유대교에서 개종한 성도들 중에는 계속해서 모세의 율법에 따른 절기와 해를 삼가 지키는 것이 하나님을 위하고 하나님께서 기뻐하실 줄로 알았다. 이에 대해 사도 바울은 자신이 갈라디아 교회 성도들을 위해 수고한 복음 전도의 희생이 헛될까 두렵다는 표현을 사용하고 있다. 즉 그들의 잘못된 추구를 강력히 비판하고 있는 셈이다. 그들은 모세의 율법이 아닌 생명과 성령의 법을 추구하고 살아야 했던 것이다.

> 갈 4:12-15 형제들아 내가 너희와 같이 되었은즉 너희도 나와 같이 되기를 구하노라. 너희가 내게 해롭게 하지 아니하였느니라. 내가 처음에 육체의 약함을 인하여 너희에게 복음을 전한 것을 너희가 아는 바라. 너희를 시험하는 것이 내 육체에 있으되 이것을 너희가 업신여기지도 아니하며 버리지도 아니하고 오직 나를 하나님의 천사와 같이 또는 그리스도 예수와 같이 영접하였도다. 너희의 복이 지금 어디 있느냐 내가 너희에게 증거하노니 너희가 할 수만 있었더면 너희의 눈이라도 빼어 나를 주었으리라.

사도 바울이 유대인의 혈통을 가지고도 이방인의 개종을 위한 선교의 사명을 가지며 자신을 돌아보지 않고 복음 전파에 혼신의 힘을 다 쏟은 것같이 갈라디아 교회 성도들도 사도 바울의 마음을 헤아려 보기를 간구하고 있다. 사도 바울이 처음 갈라디아 지방에 와서 복음을 전할 당시에 그에게는 육체의 가시가 있었다. 그의 육체의 가시는 사람들의 안목에 육체의 약함으로 비쳤고 때로는 갈라디아 지방의 이방인들이 그리스도를 구세주로 영접하는 데 시험으로도 작용하였던 것 같다. 기독교인이 되어서도 저런 육체의 고통을 면하지 못하는 것은 자칫 하나님의 능력이 짧다고도 생각될 수 있었기 때문이다. 그러나 사도 바울의 약해 보이는 육체의 가시에도 불구하고 갈라디아 사람들은 사도 바울을 하나님의 천사와 같이 혹은 그리스도 예수와 같이 영접하였다. 그들의 믿음은 하나님의 은혜와 복 주심을 받기에 충분하였고 실제로도 그들 중에 많은 이들이 영생의 구원을 받게 되었다. 그들이 사도 바울이 가졌던 육체의 가시에도 불구하고 그를 영접하였을 때를 상기해 보면, 그들은 그들의 눈이라도 빼어서 사도 바울에게 주고 싶을 만큼 순박하고도 간절한 심정이었다. 어떤 이들은 15절을 가지고 사도 바울이 가졌던 육체의 가시가 시력의 약화라고 보기도 한다. 그래서 갈라디아에서 성도된 무리들 중에는 그들의 눈이라도 빼어서 사도 바울의 육체적 가시를 대신하고 픈 심령이었으리라는 것이다. 그러한 해석이 진실인지 나는 모른다. 다만 그만큼 그들은 사도 바울을 사랑하였고 그의 설교를 가슴 깊이 받아들였다.

    그러던 갈라디아 교회 성도들에게 변화가 생겼다. 그들이 처음 받은 사도 바울의 복음 외에 모세의 율법을 계속 지켜야 한다는 또 다른 이교도적 교리를 첨가하려는 거짓 교사들의 궤변에 빠져버린 것이다. 그래서 그들의 첫 사랑과 자세를 다시 온전히 회복시키려는 사도 바울의 심정이 계속해서 전개된다.

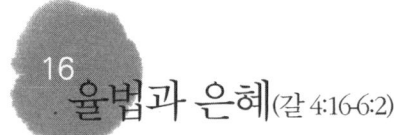

16. 율법과 은혜 (갈 4:16-6:2)

내가 스스로 살려고 하는 것이 아니라 성령님의 인도하심에 순종할 때 성도는 가장 거룩하고도 자연스런 하나님의 자녀 된 삶을 살고 있는 것이다.

갈 4:16-20 그런즉 내가 너희에게 참된 말을 하므로 원수가 되었느냐. 저희가 너희를 대하여 열심 내는 것이 좋은 뜻이 아니요 오직 너희를 이간 붙여 너희로 저희를 대하여 열심 내게 하려 함이라. 좋은 일에 대하여 열심으로 사모함을 받음은 내가 너희를 대하였을 때뿐 아니라 언제든지 좋으니라. 나의 자녀들아 너희 속에 그리스도의 형상이 이루기까지 다시 너희를 위하여 해산하는 수고를 하노니, 내가 이제라도 너희와 함께 있어 내 음성을 변하려 함은 너희를 대하여 의심이 있음이라.

갈라디아 지방의 이방인들에게 처음 복음을 전파할 당시, 사람들은 사도 바울의 가르침을 따랐고 믿어 순종하였었다. 그런데 그들에게서 세워진 교회 내에 거짓 교사들이 출현하여 잘못된 교리를 전파하여 성도들을 혼란에 빠뜨렸다. 사도 바울은 이러한 혼란을 바로잡기를 원했다. 바울의 서신이 그들에게 심기 불편하고 가책을 느끼게 만들기에 충분하였으나 사도 바울은 하나님께서 모든 것을 바로잡아 주실 것을 기도하였다. 거짓 교사들은 평범한 성도들보다 더욱 열심을 내어 진리가 아닌 거짓을 전파한다. 그러면서 다른 올바른 성도들이 혼동에 빠져 그들처럼 잘못된 사역에 열심을 품도록 유도한다. 동기와 과정 그리고 내용이 잘못된 것에 열심을 내는 것은 분명 그릇된 것이며 하나님의 원하시는 뜻도 아니다. 물론 좋은 일에 대해서는 언제든지 열심을 내고 그 일을 사모하는 것은 좋은 것이다. 그러나 성령님께서는 가령 건강을 해치면서까지 열심을 내도록 인도하시지 않으신다. 이제 사도 바울은 갈라디아 교회 성도들이 혼란스런 거짓 교리에서 벗어나도록, 다시 그들에게 복음을 전하는 해산의 수고를 반복하고픈 심정이었다. 그러려면 갈라디아 교회의 성도들에게 던져질 첫 마디는 엄할 수밖에 없었다. 음성을 변하려 함이란 엄중하게 질타한다는 뜻이다. 갈라디아 교회에는 진리가 아닌 것들이 진리를 가리고 있었다. 사도 바울은 다시 그리스도의 형상이 갈라디아 교회 성도들에게 이뤄지기를 사모하였다.

> 갈 4:21-26 내게 말하라. 율법 아래 있고자 하는 자들아. 율법을 듣지 못하였느냐. 기록된 바 아브라함이 두 아들이 있으니 하나는 계집종에게서, 하나는 자유하는 여자에게서, 계집종에게서는 육체를 따라 났고 자유하는 여자에게서는 약속으로 말미암았느니라. 이것은 비유니 이 여자들은 두 언약이라 하나는 시내 산으로부터 종을 낳은 자니 곧 하가라. 이 하가는 아라비아에 있는 시내 산으로 지금 있는 예루살렘과 같은 데니 저가 그 자녀들로 더불어 종 노릇하고, 오직 위에 있는 예루살렘은 자유자니 곧 우리 어머니라.

거짓 교사들은 예수 그리스도를 믿는 믿음으로 말미암는 구원과 자유함에서 떠나, 과거 성도들을 정죄하던 율법 아래로 다시 들어가 율법에 종노릇하게 만드는 거짓 교리를 가르친 셈이다. 이에 대해 사도 바울은 구약의 아브라함에게서 낳은 이스마엘과 이삭을 비유로 율법과 은혜를 대비시키고 있다. 이스마엘은 아브라함의 본처 사라에게 수종을 들던 이집트 여인, 하갈에게서 아브라함이 얻은 아들이었다. 나이가 늦도록 잉태치 못하던 사라가 아브라함에게 그녀의 여종을 아내로 맞이하게 하여 얻은 자녀였다. 아브라함은 한때 이스마엘이 그의 유업을 이을 맏아들로 생각했으나, 하나님의 뜻이 이스마엘에게 있지 않았다. 계집종 하갈의 아들은 육체를 따라 낳은 아들일 뿐 하나님 나라와는 상관이 없었다. 아브라함의 본처이자 자유자인 사라에게서 낳은 아들 이삭은 하나님의 언약을 믿는 믿음에서 낳은 아들이었다. 이스마엘은 땅에서 낳은 아들과 같고 이삭은 위로 하늘로부터 얻은 아들이었다. 이스마엘과 이삭이라는 역사적 사건은 장차 있을 사건에 대한 비유요 표징이었다. 아브라함이 죽고 430여 년이 흐른 뒤, 아브라함의 후손들은 바닷가의 모래처럼 크게 불어났고 그들은 하나님께서 세우신 모세의 지도 하에 애굽을 탈출하여 홍해를 지나 광야를 거쳐 시내산에 이르렀다. 거기 시내산에서 이스라엘 백성들은 모세를 통해 하나님의 율법을 받았다. 땅 위에 있는 시내산이나 예루살렘이나 모두가 계집종의 아들 이스마엘과 같이 여전히 종의 자녀를 상징한다. 모세가 하나님의 율법을 직접 받았다던 시내산이나 솔로몬의 성전이 있다던 예루살렘이나 땅 위에 있는 모든 인류를 종처럼 부리던 율법의 구속을 상징할 뿐이다. 하지만 위에 있는 예루살렘, 곧 하나님의 나라는 진정한 자유요 참된 우리의 어머니와 같은 나라이다.

갈 4:27-31 기록된 바 잉태치 못한 자여 즐거워하라 구로치 못한 자여 소리 질러 외치라 이는 홀로 사는 자의 자녀가 남편 있는 자의 자녀보다 많음이라 하였으니, 형제들아 너희는 이삭과 같이 약속의 자녀라. 그러나 그 때에 육체를 따라 난 자가 성령을 따라 난 자를 핍박한 것같이 이제도 그러하도다. 그러나 성경이 무엇을 말하느뇨 계집종과 그 아들을 내어 쫓으라 계집종의 아들이 자유하는 여자의 아들로 더불어 유업을 얻지 못하리라 하였느니라. 그런즉 형제들아 우리는 계집종의 자녀가 아니요 자유하는 여자의 자녀니라.

하나님의 성도들은 이삭과 같이 하나님의 약속을 믿음으로 말미암아 하나님의 구속을 받은 약속의 자녀들이다. 그런데 마치 이스마엘이 이삭을 희롱한 것처럼, 육체를 따라 난 율법 아래 종 노릇하는 자들이 성령을 따라 난 거룩한 성도들을 핍박하는 것이 여전히 계속되고 있다. 사라가 계집종 하갈을 내어 쫓음과 같이 하나님의 자녀가 세상의 자녀와 함께 천국의 유업을 나눌 수 없으며 언젠가는 서로 영원히 분리될 수밖에 없다. 성도는 율법의 자녀가 아니요 자유케 하시는 그리스도의 자녀이다. 세상 사람은 여전히 죄 가운데 있으며 죄와 율법 아래 종 노릇하는 무리들이나, 성도는 죄와 사망에서 해방되어 하나님의 은혜 아래 놓여진 자유자들이다.

갈 5:1-4 그리스도께서 우리로 자유케 하려고 자유를 주셨으니 그러므로 굳세게 서서 다시는 종의 멍에를 메지 말라. 보라 나 바울은 너희에게 말하노니 너희가 만일 할례를 받으면 그리스도께서 너희에게 아무 유익이 없으리라. 내가 할례를 받는 각 사람에게 다시 증거하노니 그는 율법 전체를 행할 의무를 가진 자라. 율법 안에서 의롭다 함을 얻으려 하는 너희는 그리스도에게서 끊어지고 은혜에서 떨어진 자로다.

그리스도를 믿음으로 구원함에 이른 성도들이 다시 율법의 절차에 따라 할례를 받으려 함은 마치 그가 처음같이 율법 안에서 의롭다 함을 얻으려 율법의 요구를 지키려는 것과 같다. 그들은 과거처럼 율법 전체를 행할 의무를 지켜야 할 것이며, 그리스도나 하나님의 은혜와는 상관이 없어진 자들과 다르지 않다. 그런 이들에게 그리스도가 무슨 상관이 있으며 그리스도가 그들에게 무슨 유익이 있으랴?

> 갈 5:5-12 우리가 성령으로 믿음을 좇아 의의 소망을 기다리노니, 그리스도 예수 안에서는 할례나 무할례가 효력이 없되 사랑으로써 역사하는 믿음뿐이니라. 너희가 달음질을 잘하더니 누가 너희를 막아 진리를 순종치 않게 하더냐. 그 권면이 너희를 부르신 이에게서 난 것이 아니라. 적은 누룩이 온 덩이에 퍼지느니라. 나는 너희가 아무 다른 마음도 품지 아니할 줄을 주 안에서 확신하노라 그러나 너희를 요동케 하는 자는 누구든지 심판을 받으리라. 형제들아 내가 지금까지 할례를 전하면 어찌하여 지금까지 핍박을 받으리요 그리하였으면 십자가의 거치는 것이 그쳤으리니, 너희를 어지럽게 하는 자들이 스스로 베어 버리기를 원하노라.

성도는 성령님의 인도하심을 따라 믿음으로 사는 사람들이다. 성도는 믿음을 좇아 하나님의 거룩하신 의와 부활의 소망을 기다리는 사람들이다. 성도에게 할례나 무할례나 아무런 효력이 없다. 성도에게는 하나님의 은혜와 사랑 가운데 역사케 하시는 그들 안에 있는 믿음이 가장 중요한 효력을 발휘한다. 사도 바울의 복음을 순전히 받았던 갈라디아 교회 성도들을 혼란스럽게 만든 장본인들은 거짓 교사들이었다. 그들의 잘못된 권면은 하나님께로부터 나온 것이 아니라 거짓의 아비 사단에게서 나온 것이다. 마치 적은 누룩이 온 밀반죽 덩이로 퍼지듯이 거짓이 참 진리 속에 퍼지고 있다. 성도를 요동케 하고 어지럽게 하던 거짓 교사들은 언젠가 하나님의 심판을 받을 것이다. 차라리 그들이 스스로 자신들의 죄악을 베어버리길 원하는 사도 바울의 심정이었다. 만약에 사도 바울이 그 당시 유대교 출신의 어떤 기독교인들이 주장하던 대로 모세의 율법에 따라 할례를 하도록 허용하는 설교와 전도를 하였다면, 그의 생애는 편하고 아무런 핍박도 없었을 것이다. 왜 그가 예루살렘에서 유대인들의 핍박과 정죄를 받아 동족들에게서 죄수로 낙인찍히고 로마로 압송되었던가? 사도 바울은 그가 처음 예수님을 만난 후부터 하나님의 뜻에 거역하는 일을 하지 않기를 기원하였고 그의 결심대로 살았다. 그는 불의나 잘못된 거짓 교리에 결코 타협하지 않았다. 참이 아닌 거짓에 대한 사도 바울의 견해는 분명했으며 명료하였다. 그는 언제라도 잘못된 것을 스스로 베어버릴 줄 아는 참된 하나님의 제자였다.

> 갈 5:13-14 형제들아 너희가 자유를 위하여 부르심을 입었으나 그러나 그 자유로 육체의 기회를 삼지 말고 오직 사랑으로 서로 종 노릇하라. 온 율법은 네 이웃 사랑하기를 네 몸같이 하라 하신 한 말씀에 이루었나니.

갈라디아서 5:14 이후의 구절들은 이해하기에 어렵지 않기에 여기서 갈라디아서 강해를 마치려 한다. 사도 바울이 바란 바 갈라디아 교회 성도들에게 전한 내용의 핵심은 할례와 같은 율법의 전통을 여전히 지키려는 것이 성도의 바른 신앙생활이 아니란 것이다. 율법이 아닌 하나님의 은혜를 주시는 성령님의 소욕을 좇아 행하여 살라는 것이다. 우리가 아직 세상에 성도로 사는 날 동안에는 끊임없이 육신의 욕심이 성도를 시험하려 들 것이다. 그러나 성도는 성령님의 인도하심에 순종할 때 비로소 육체의 욕심을 이루지 않고 하나님의 자녀답게 살게 된다.

> 갈 5:16 내가 이르노니 너희는 성령을 좇아 행하라 그리하면 육체의 욕심을 이루지 아니하리라.

> 갈 6:2 너희가 짐을 서로 지라 그리하여 그리스도의 법을 성취하라.

성도가 서로의 짐을 나눠지는 것은 또 하나의 율법이 아니라는 것을 기억하라. 하나님의 은혜와 자비와 사랑 가운데 사는 성도가 서로의 짐을 나눠지는 행위는 성령님의 소욕대로 살기를 원하는 성도의 자연스런 삶의 모습일 뿐이다. 그러면서 성도는 어느새 자기도 모르게 그리스도의 가장 지고하고도 숭고한 천국의 법에 따라 살고 있게 되는 것이다. 내가 스스로 살려고 하는 것이 아니라 성령님의 인도하심에 순종할 때 성도는 가장 거룩하고도 자연스런 하나님의 자녀 된 삶을 살고 있는 것이다.

수필식 설교집

그 동네에 죄인인 한 여자가 있어 예수께서 바리새인의 집에 앉으셨음을 알고 향유 담은 옥합을 가지고 와서, 예수의 뒤로 그 발 곁에 서서 울며 눈물로 그 발을 적시고 자기 머리털로 씻고 그 발에 입맞추고 향유를 부으니

01 어느 향유를 부은 여인

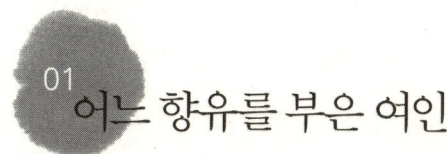

그녀는 가져 온 옥합을 깨고 향유를 예수님의 발에 부었다.
자신의 모든 것을 다 부었다.

눅 7:36-50 한 바리새인이 예수께 자기와 함께 잡수시기를 청하니 이에 바리새인의 집에 들어가 앉으셨을 때에, 그 동네에 죄인인 한 여자가 있어 예수께서 바리새인의 집에 앉으셨음을 알고 향유 담은 옥합을 가지고 와서, 예수의 뒤로 그 발 곁에 서서 울며 눈물로 그 발을 적시고 자기 머리털로 씻고 그 발에 입맞추고 향유를 부으니, 예수를 청한 바리새인이 이것을 보고 마음에 이르되 이 사람이 만일 선지자더면 자기를 만지는 이 여자가 누구며 어떠한 자 곧 죄인인 줄을 알았으리라 하거늘, 예수께서 대답하여 가라사대 시몬아 내가 네게 이를 말이 있다 하시니 저가 가로되 선생님 말씀하소서. 가라사대 빚 주는 사람에게 빚진 자가 둘이 있어 하나는 오백 데나리온을 졌고 하나는 오십 데나리온을 졌는데, 갚을 것이 없으므로 둘 다 탕감하여 주었으니 둘 중에 누가 저를 더 사랑하겠느냐. 시몬이 대답하여 가로되 제 생각에는 많이 탕감함을 받은 자니이다 가라사대 네 판단이 옳다 하시고, 여자를 돌아보시며 시몬에게 이르시되 이 여자를 보느냐 내가 네 집에 들어오매 너는 내게 발 씻을 물도 주지 아니하였으되 이 여자는 눈물로 내 발을 적시고 그 머리털로 씻었으며, 너는 내게 입맞추지 아니하였으되 저는 내가 들어올 때로부터 내 발에 입맞추기를 그치지 아니하였으며, 너는 내 머리에 감람유도 붓지 아니하였으되 저는 향유를 내 발에 부었느니라. 이러므로 내가 네게 말하노니 저의 많은 죄가 사하여졌도다 이는 저의 사랑함이 많음이라 사함을 받은 일이 적은 자는 적게 사랑하느니라. 이에 여자에게 이르시되 네 죄 사함을 얻었느니라 하시니, 함께 앉은 자들이 속으로 말하되 이가 누구이기에 죄도 사하는가 하더라. 예수께서 여자에게 이르시되 네 믿음이 너를 구원하였으니 평안히 가라 하시니라.

여기 바리새인 시몬의 집에서 있었던 어느 여인의 이야기가 나온다. 그 바리새인 시몬은 어느 날 예수님을 자기 집으로 초대하였다. 시몬은 예수님을 자신의 구세주로 알기보다는 대중적 설교자요 선지자나 선생으로 알고는 무엇인가 더 배우고자 하여 예수님을 초대하였던 것 같다. 예수님께서 초대에 응하여 시몬의 집으로 들어서실 때, 시몬은 그 당시 바리새인의 풍속을 좇아 예수님의 얼굴을 비벼가며 입맞춤도 하지 않았고, 예수님께는 발 씻을 물조차 권하지 않았다. 만약에 시몬이 다른 바리새인 형제를 초대하였더라면 그러지 않았을 것이다. 하지만 예수님께서는 아무런 불평 없이 시몬의 초대 방식에 적응하고 계셨다. 그 초대 받는 날 예수님께서는 그 날에 있을 한 여인의 회심과 죄 사함을 미리 예견하고 있었던 터라, 그리고 그 여인의 회심의 장소가 바로 시몬의 집이라는 것을 아시는 고로 조용히 그 여인의 방문을 기다리고 계셨다.

　한 여인이 시몬의 집에 들어섰다. 그녀는 그 집에 예수님께서 오신 것을 듣고는 매우 어려운 결심을 하고 바리새인의 집에 찾아 온 것이다. 그녀는 시몬이 사는 동네에서 죄인으로 알려졌다. 그 여인의 죄란 유추해보면 창기로서의 불행하고도 죄악된 인생을 살아온 것이었다. 그녀는 아마도 예수님의 소문을 들었을 것이고, 예수님께서 천국이 가까이 왔음을 외치시며 회개를 일깨우고 다니셨음도 알았을 것이다. 어쩌면 그녀는 설교하시는 예수님을 멀찌감치 바라보았는지도 모른다. 아무튼 그녀는 하나님의 아들이라 소문난 예수님을 찾아가고 싶었다. 그녀는 자신을 준비하였다. 비록 더럽게 번 돈이라도 그 동안 모은 돈을 가지고 값비싼 옥합과 향유를 샀다. 그 옥합과 향유는 그녀의 전 재산과도 같은 값비싼 것이었다. 그녀가 자신의 방을 나와 바리새인 시몬의 집으로 발걸음을 옮기는 것은 여간 어려운 일이 아니었다. 시몬의 집에 가까워 갈수록 자신을 알아보는 다른 이웃들과 사람들의 수군대는 소리도 들림직 했다. 드디어 겨우 시몬의 집 문턱에 섰다. 창기가 바리새인의 집 안으로 들어서는 것 자체가 돌에 맞아 죽을 일인지도 모르는 것이 그 당시의 세습이었다. 그녀는 마지막 호흡을 들이쉬고 시몬의 집에 들어섰다. 그리고 곧바로 예수님을 찾아 안으로 들어갔다. 그녀가 시몬의 집에 들어간 순간부터 그 집에 모여든 사람들의 안색이 어떻게 변하였으리라는 것은 쉽게 짐작할 만하다. 바리새인의 집에 창기가 들어오다니!

모두들 기막혀할 겨를도 없이, 그녀는 예수님의 뒤로 돌아섰다. 그녀의 눈으로 예수님의 얼굴과 눈을 직시할 수조차 없었다. 거룩하신 분 앞에서! 예수님의 발 곁에 서서야 그녀는 눈물이 흘렀다. 예전에는 큰 소리로 울었을지 모르는 그녀가 오늘은 소리조차 낼 수 없었다. 그녀의 마음은 소리 없는 그녀의 눈물과 울음을 예수님만은 아시리라 믿었다. 그녀의 눈물은 아래로 흘러 예수님의 발을 적셨다. 그녀는 울며 자신의 죄를 마음속으로 회개하였으리라! 자신의 지나온 과거를 회상하며 자신의 죄인 됨을 모든 보는 이들 앞에서 소리 없이 고백하고 있었다. 멈출 줄 모르는 눈물로 뒤범벅이 된 예수님의 발을 그녀는 그녀의 기다란 머리카락으로 닦아냈다. 그녀는 자신의 모든 수치심이 드러나는 것도 아랑곳할 수 없었다. 왜냐하면 눈물이 멈추질 않았기 때문이다. 그녀는 마음의 정성을 다해 구세주이신 예수님의 발에 입맞췄다. 그러자 그녀의 입맞춤은 그칠 줄 몰랐다. 다른 이들 같으면 창기라 소리치며 발을 걷어찼을 법도 한데, 예수님께서는 아무런 소리 없이 그녀의 놀라운 행동을 바라만 보셨고, 이것이 더욱더 그녀로 하여금 예수님에 대한 무한한 신뢰와 사랑을 가지게 만들었던 것이다. 그녀는 가져온 옥합을 깨고 향유를 예수님의 발에 부었다. 자신의 모든 것을 다 부었다.

예수님을 초대하였던 시몬은 마음속으로 예수님을 시험하였다. '네가 만약 진짜 선지자라면 너를 만지는 이 여자가 누구인지 알 텐데' 라고 말이다. 그런데 예수님께서는 불현듯 시몬에게, 그리고 그 자리에 앉은 모든 이들에게 질문을 던졌다. 그리고 시몬은 그 질문에 쉽게 답했다. 그러자 예수님께서는 네 판단이 옳다고 하셨다. 시몬이 옳다는 것이 아니다. 시몬의 판단이 옳다는 것이다. 그리고 시몬의 옳은 판단을 기준으로 하여 시몬에게 죄의 각성을 촉구하였다.

죄 사함이 많은 사람이 더 많은 사랑을 한다고 하셨다. 사랑이 적은 사람은 죄 사함이 적거나 부족함 때문일까? 아니다. 예수님의 십자가의 사랑과 그로 인한 구속의 은혜로 말미암으면 우리 모든 죄인들은 그 누구도 예외 없이 하나님 앞에 설 자격이 있다. 예수님의 우리를 위한 죄 사함은 100% 충분조건이다. 하나님의 죄 사함은 양적으로나 질적으로나 더 많고 더 적음이 없다. 모두 100% 완전한 죄 사함이다. 그런데 예수님께서는 왜 죄 사함이 많은 사람이 더 많은 사랑을 한다고 표현하셨을까? 여기서 예수님께서는 시몬의 옳은 판단을 기준으로 시몬의 죄의 각성과 참 회개를 촉구하고자 하신 것이다. 사람을 죽인 살인자나 경건하게 살고자 하는 의로운 자나 우리는 모두 하나님의 죄 사함에 대해 무한한 감사와 경외를 드릴 수 있다. 사람마다 표현의 차이는 다를 수 있다. 하지만 하나님의 사랑에 의한 죄 사함은 참 회개하는 자에게만 해당되는 것이다.

예수님께서는 시몬을 나무라지 않고 계신다. 오히려 시몬의 옳은 판단을 가지고 시몬도 그 여인과 같이 참 회개할 것을 촉구하시고 있다. 함께 앉은 사람들이 무엇이라 수군대든지 상관없이 예수님께서는 그 여인이 그녀의 믿음으로 인해 그녀가 구원을 얻었음을 모든 보는 이들 앞에서 선언하셨다. 그리고 평안히 가라고 하셨다. 평안히 가라 하심은 다시는 죄짓지 말고 살라는 의미이다. 간음한 어떤 여인이 사람들에게 붙잡혀 예수님 앞에 끌려와서 돌로 칠 송사를 받게 되었다. 그 때 예수님께서는 말씀하시길, 누구든지 죄 없는 자가 먼저 돌로 치라고 하셨다. 양심의 가책을 느낀 사람들이 모두 떠나고 그 여인만 홀로 남았을 때, 너를 송사하던 자들이 어디 있느냐고 하셨다. 그리고 나도 너를 송사하지 않겠다 하시면서 다시는 죄짓지 말라 명하셨다. 하나님의 구속 사역은 예수님의 십자가였다. 그 십자가로 인해 우리가 죄 사함을 얻는 셈이다. 진실로 죄 사함을 얻는 회개를 한 성도들이라면 그들이 다른 이웃과 하나님을 어떻게 사랑하는지 안다.

죄 사함의 주체는 하나님이시다. 하나님께서만이 죄를 사하실 수 있으며, 속죄함의 근거는 예수님의 십자가이다. 우리의 믿음의 분량과 우리의 사랑의 행위로 인해 죄 사함의 정도가 양적으로나 질적으로나 달라지지 않는다. 죄 사함은 단번에 이루어지는 하나님의 은혜이며 이는 오직 예수 그리스도를 믿음으로써만이 가능한데, 더욱 놀라운 것은 하나님의 아들 구세주 예수 그리스도를 믿게 하시는 분도 하나님이시라는 것이다. 그래서 믿음도 속죄함도 구원도 모두 하나님의 전적이며 일방적 은혜인 것이다.

따라서 우리의 믿음과 사랑의 정도에 따라 우리에 대한 하나님의 죄 사함의 정도가 달라지는 것이 아니다. 만일 우리의 사랑의 많고 적음에 따라 구원을 위한 죄 사함의 정도가 달라진다면 과연 누가 천국에 들어 갈 수 있겠는가? 마찬가지로 하나님의 우리에 대한 죄 사함에도 많고 적음이 없다. 100%의 속죄함을 위해 예수님께서 십자가에 달리시고 죽으신 것이다.

그러면 왜 예수님께서는 누가 복음 7장에서 "사함을 받은 일이 적은 자는 적게 사랑하느니라"라고 말씀하셨을까? 이 말씀은 바리새인 시몬에게 죄의 각성과 회개를 촉구하시는 구절이었다. 바리새인 시몬은 법리적으로 죄가 없는 의인이었다. 율법적으로는 말이다. 그리고 향유를 부은 여인은 그 동네에서 죄인으로 알려져 있었다. 그들은 죄의 유무와 죄인의 정의를 율법의 문자에서만 찾는 바리새인적인 사람들이었다. 예수님께서는 항상 율법 이전에 율법 정신을 가르치셨다. 구약의 속죄함을 위한 어린 양과 염소가 사람의 죄를 없이한 것이 아니라 속죄 재물 위에 손을 얹고 회개하며 기도하는 믿음에서 죄 용서가 이루어진 것이다. 그리고 그러한 속죄제 의식도 십자가의 완성을 가리키고 있었던 것이다.

문자적으로나 행위적으로나 겉으로는 아무런 죄가 없다고 판단하며 살아가는 시몬과 같은 사람들에게 예수님께서는 500데나리온과 50데나리온의 비유를 설명하시면서 율법의 정신으로 되돌아와 참된 죄의 각성과 회개를 가질 것을 촉구하신 것이다. 그 향유를 부은 여인조차 율법의 정신까지 모두 알고서 회개한 것은 아니었다. 참 회개를 하여 하나님의 죄 사함을 받으라는 것이 예수님의 비유의 결론이다.

우리는 시몬에게 하신 예수님의 말씀에 걸려 넘어져서는 안 된다. "사함을 받은 일이 적은 자는 적게 사랑하느니라"라는 구절 그대로 겉으로 사랑이 많아 보이는 자는 마치 죄 사함을 많이 받은 자 인양 오해해서는 안 된다. 구원에 이르는 죄 사함은 참 회개하는 자에게야 전가된다는 것이지 500 대 50의 산술적 계산이 아닌 것이다. 겉으로는 율법적으로나 법리적으로나 의로운 생활을 살아가는 바리새인 시몬이 구원을 얻어 천국에 들어가기 위해서는 예수 그리스도를 구세주로 믿는 참 회개가 있어야 한다. 참으로 회개하여 아브라함의 아들이 된 자는 예수님의 음성을 듣게 된다. 즉 하나님의 진리의 말씀을 온전히 분별하여 듣고 그대로 행하며 살려고 하고 또 그렇게 살게 된다.

회개는 죄의 각성이 있어야 가능하다. 죄의 각성이란 자신이 하나님 앞에 얼마나 큰 죄인임을 깨닫는 일인데, 만약에 당신이 교회를 다닐수록 자신의 죄가 점점 적어진다고 생각하신다면 자신의 근본을 다시 한번 살펴볼 필요가 있다. 바리새인의 특징은 예배를 하면 할수록, 기도를 하면 할수록, 성경공부를 하면 할수록, 교회봉사와 전도와 선교와 성가와 찬양과 그 외에도 산을 옮길 만한 큰일을 하면 할수록 자신의 죄가 점점 더 적어진다고 생각하는 것이다. 예수님 뒤에서 향유를 부은 이 여인은 향유를 부을수록 자신의 죄를 더욱 깊이 깨달으며 그러한 자신의 죄를 용서하신 하나님을 더욱더 떨리는 심정으로 사랑하는 자요, 그래서 감히 다른 사람을 판단하고 정죄할 마음조차 일어나지 않는 자이다. 이것이 사함을 받은 일이 적은 자는 적게 사랑하느니라는 구절의 의미이다.

누가복음 7장의 이 향유 부은 여인은 참 평안을 얻었다. 예수님의 사랑을 알았다. 그 날 저녁은 영원히 잊지 못할 날이었을 것이다. 그리고 그녀는 다시는 과거와 같은 창기의 죄를 짓지 않고 살았으리라.

02 천국관

예수님을 믿는 기간이 오랜 세월에 걸쳐 형성된 사람도 있다고 반박할지 모른다. 이 말도 부정확하다. 예수님을 믿는 것은 보이지 않는 성령의 순간적인 역사이다. 오랜 세월을 예수님에 관해 듣고 배웠다고 해야 옳다.

요즘에 많은 신세대 목회자들은 저 세상에 있는 천국의 개념이니, 죽음으로 건너가는 요단강이니 하는 것은 이단적(Cultic)이고 이교도적이라고들 강변하듯 설교한다. 그리고 젊은 세대들은 이러한 신조류의 설교에 더 쉽게 감명을 받는다. 오랫동안 우리의 사고를 지배해 온 고대적 신앙관을 벗어버리라는 신세대 목회자들의 설교는 이렇듯 빠르게 변신하고 있다. 나는 미국 어느 한인침례교회에서 이러한 설교를 들은 바 있다. (내용만 간략히 정리해 보았다.)

"천국은 하나님의 다스림이 있는 곳으로 정의할 수 있기에 예수님을 믿는 우리는 이미 천국에 살고 있다. 천국은 죽어서나 저 멀리 하늘나라에서나 볼 수 있는 곳이 아니다. 그런 하늘나라는 따로 없다. 예수님은 우리 안에 내주하시니 우리는 이미 천국에 있는 셈이다."

"예수님을 믿는 것은 점진적이고 단계적인 것이다. 조급해 할 것 없이 서서히 교회를 다니면서도 세상과 조화를 이루며 어울려 사는 것이 중요하다. 도대체 예수님을 믿는다는 것이 무엇인가? 예수님을 믿는 것은 가장 인간다운 인간이 되는 것이다. 술도 마시면서 사람과 가장 잘 어울릴 수 있는 인간다운 인간 말이다. 그리고 회개란 천국에 들어가기 위하여 돌이키는 행위인데, 곧 예수님을 내 안에 모시는 것이다."

"작은 겨자씨가 커져서 큰 나무가 되듯이 우주는 지금도 계속 팽창되고 있다."

위 구절들에 대해 여러분은 어떻게 생각하는가? 천국에는 두 가지 사실을 모두 포함한다. 하나는 이 세상의 교회(성도들의 모임)를 통해 부분적으로 보여지는 천국이다. 두세 사람이 모인 곳에 예수님께서 함께 하신다는 약속대로 이 세상에 부분적으로 임한 천국이다. 성도가 사랑의 교제와 진리의 말씀 교제의 충만 가운데 우리는 천국의 경이로움의 극히 일부분을 맛보는 것이다. 또 다른 하나는 예수님께서 요한복음 14장에서 언급하신 바 가서 예비하시겠다고 약속한 실재적 천국이다. "내가 너희를 위하여 처소를 예비하러 가노니 가서 너희를 위하여 처소를 예비하면 내가 다시 와서 너희를 내게로 영접하여 나 있는 곳에 너희도 있게 하리라." 또 십자가상의 강도들 중 하나가 죽기 전에 예수님께로부터 약속받은 천국이다. 히브리서 11장에서처럼 온 성도가 믿음으로 기다리는 천국이다. 엘리야가 승천한 천국이다. 욥기에서처럼 하나님 보좌가 있는 천국이다. 거지

나사로가 들어간 아브라함의 품으로 상징된 천국이다. 계시록의 새 하늘과 새 땅으로 표현된 황금보석의 천국이다. 지금도 예수님께서는 천국 보좌 우편에 앉아 계신다. 스데반이 순교하면서 바라본 천국이다. 사도 바울이 14년 전에 올라가 말할 수 없는 경이로움으로 맛보았다는 천국이다. 사도 바울은 부활과 천국 소망이 없다면 우리의 믿음조차 헛되다고 하였다. 예수님을 믿는 성도들 중에 많은 분들이 박해와 순교로 목숨을 잃으면서도 천국과 부활의 소망을 가지고 인내하며 기다렸고 죽었다. 이러한 두 번째 사실의 천국이 없다고 한다면, 우리의 신앙의 목적이 무엇인가? 현재의 삶이 모든 것인가? 이 세상에서의 삶에서 하나님과 인격적 관계를 가지며 신앙적으로 향유하는 천국만이 유일한 천국이라며 여기에는 예수님의 십자가도 부활도 승천도 재림도 아무런 의미가 없다. 지금 당장 죽어 가는 암 환자에게 점진적이며 단계적으로 다가가는 믿음의 삶을 증거한다는 것은 의미가 없다. 하나님과의 인격적 관계를 설명한들 죽어가는 암 환자에게는 아무런 의미가 없다. 그에게는 이제 죽어서 가게 되는 저 세상에서의 영생이 이 세상 무엇보다도 중요한 것이다.

　복음이란 예수님의 십자가에서의 구속하심으로 인해 값없이 주어진 영생의 복된 소식이다. 여기서 영생이란 저 세상에서 영원히 죽지 않고 예수님과 더불어 살고 예수님의 다스림을 받으며 사는 것을 말한다. 그리고 믿음이란 이 복음을 받아들이는 것을 말한다. 회개란 우리의 죄를 깨닫고 고백하고 돌이키는 행위이다. 회개가 천국에 들어가겠다고 돌이키는 행위라는 정의는 죄와 아무런 상관이 없다. 그것은 오히려 또 다른 인간의 이기심일 뿐이다.

믿음은 자라는 것이다. 그러나 회심과 믿음의 성장은 전혀 다른 뜻이다. 회심은 구속의 결과요, 성장은 성화의 과정이기 때문이다. 따라서 예수님을 믿는 것이 점진적이고 단계적이라고 하기보다는 믿음 안에서의 영적 성장이 점진적이고 단계적이라 해야 옳다. 예수님을 믿는 기간이 오랜 세월에 걸쳐 형성된 사람도 있다고 반박할지 모른다. 이 말도 부정확하다. 예수님을 믿는 것은 보이지 않는 성령의 순간적인 역사이다. 오랜 세월을 예수님에 관해 듣고 배웠다고 해야 옳다.

우주가 팽창한다는 것은 성경이 증거하고 있지 않다. 겨자씨의 비유로 설명된 천국의 팽창과 우주의 팽창과는 전혀 다른 관계이다. 우주의 팽창을 주장하는 것은 천체를 연구하는 대부분의 과학자들의 정설이다. 하지만 성경은 하나님께서 우주를 단번에 창조하셨다고만 증거한다. 천국이 하나님의 다스림이 있는 곳이라는 데는 동의하나, 하나님께서는 지옥도 다스리심을 알아야 한다. 무소부재하신 하나님이시기에 천국이나 지옥이나 모든 것은 하나님에 의해 다스림을 받고 있다. 성경에서 말하는 천국은 단순히 하나님의 다스림이 있는 장소만을 말하는 곳이 아니다. 구별된 자들만이 들어가는 거룩한 곳임을 말한다.

예수님께서 회개하라 천국이 가까이 왔다고 외치셨다. 여기서 천국은 그 당시 아직 온 것이 아니었다. 그렇다면 구약의 세상은 아직까지 하나님의 다스림이 없었다는 뜻인가? 아니다. 이 구절에서 예수님께서 말씀하시는 천국이란 예수님의 재림으로 이루어질 천국이다. 그러면서 예수님의 제자들이 언제 그 재림이 이루어질 지에 대해 물어볼 때에 천국은 너희 안에 있다고 하셨다. 우리 안에 있다는 천국은 하나님의 성전이 우리 안에 있다는 뜻으로서 하나님께서 우리 안에도 내재하신다는 하나님 임재 사상을 보여준다. 여기서 하나님께서 나를 통치하시는 내 자신이 천국의 일부임을 설명하는 것이다.

구속 받은 성도가 과연 가장 인간다운 인간인가? 술도 마실 줄 알고 세상과 어울릴 줄 아는 보편적 인간이 가장 인간다우며 구원 받은 성도의 모습인가? 다른 사람과의 관계가 두루 원만한 인간이 가장 하나님의 기뻐하심을 입는 성도의 자세인가? 성경에 보면 성령의 열매를 일일이 구체적으로 열거한다. 이러한 성령의 열매는 원만한 인간을 묘사하는 것이 아니다. 도덕군자를 묘사하는 것도 아니다. 성령의 소욕대로 순종하는 인간을 의미한다. 스데반이 원만치 못한 유대인과의 관계로 말미암아 순교당했나? 아니다. 예수님의 복음을 증거하는 것이 세상과 원수 되기 때문에 순교당한 것이다.

신세대 목회자들은 언제나 예수님을 닮는 것이 신앙의 목적이라 주장한다. 그럴듯해 보인다. 나의 십자가를 지고 따르라는 것을 예수님을 닮는 것으로 이해한다. 예수님께서는 결코 당신을 닮으라고 하지 않으셨다. 처음부터 죄로부터 태어난 인간은 예수님과 같이 될 수 없다. 예수님을 닮으려는 것은 또 다른 율법이요 고행이다. 우리가 할 일은 말씀대로 성령의 인도하심에 순종하는 것이다. 성령님께서 우리를 거룩하고 흠 없는 자로 만들어 가신다. 우리가 애써서 예수님을 닮으려고 흉내내서 되는 것도 아니다. 자기를 부인하고 자기 십자가를 지라는 말씀은 온전하도록 성령의 인도하심에 순종하라는 뜻이다.

이 시대는 점점 더 진리의 말씀을 자신의 사상적 관점에서 왜곡하여 해석하려는 신자본주의, 자유주의적 경향이 강하다. 전통적 해석을 과감히 부정함으로써 자신의 견해가 더 신선하고도 주장할 만하다고 믿는다. 성경만을 가지고도 신구약을 통달하여 말씀의 연관성을 밝혀야 한다. 더구나 성경 말씀은 결코 상호 대치되거나 상반되지 않는다는 사실을 인정해야 한다.

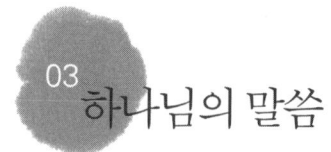

03 하나님의 말씀

하나님께서는 각자의 사람이 하나님의 말씀 앞에 나아와 진리를 듣기를 원하신다.

사 55:1-5 너희 목마른 자들아 물로 나아 오라. 돈 없는 자도 오라. 너희는 와서 사 먹되 돈 없이 값없이 와서 포도주와 젖을 사라. 너희가 어찌하여 양식 아닌 것을 위하여 은을 달아 주며 배부르게 못할 것을 위하여 수고하느냐 나를 청종하라. 그리 하면 너희가 좋은 것을 먹을 것이며 너희 마음이 기름진 것으로 즐거움을 얻으리 라. 너희는 귀를 기울이고 내게 나아와 들으라. 그리하면 너희 영혼이 살리라 내가 너희에게 영원한 언약을 세우리니 곧 다윗에게 허락한 확실한 은혜니라. 내가 그를 만민에게 증거로 세웠고 만민의 인도자와 명령자를 삼았었나니, 네가 알지 못하는 나라를 부를 것이며 너를 알지 못하는 나라가 네게 달려올 것은 나 여호와 네 하나 님 곧 이스라엘의 거룩한 자를 인함이니라. 내가 너를 영화롭게 하였느니라.

여기 5구절은 양피지 한 두루마리에 쓰인 하나님의 말씀이다. 이 5구절 에는 서론, 본론, 결론을 모두 담고 있다. 사람이 생존하는 데 필수적인 것 이 물과 양식이다. 이를 하나님께서는 누구보다도 더 잘 아신다. 우리가 종일토록 수고하고 땀을 흘려 은(돈)을 벌어 물과 양식을 사서 먹어도 결 코 배부를 수 없음을 하나님께서는 우리에게 먼저 상기시키신다. 그러면 서 우리 사람은 애초부터 물과 양식 뿐만 아니라 하나님의 말씀을 들어야 살 수 있는 존재임을 다시 기억하게 한다. 예수님께서는 사단의 시험에서

이 같은 사실을 강조하셨다. 물고기 2마리와 떡 5조각으로 장정 오천을 배불리 먹이시고도 사람은 물과 떡만이 아닌 하나님의 말씀으로 진정 배부를 수 있음을 말씀하셨다. 우물가에서 만난 사마리아의 외로운 여인에게 예수님은 우리가 먹는 물은 잠깐 동안만 우리의 목을 축여주고 갈증을 해소해 주지만 진리의 하나님에게서는 영원한 생수의 강이 흐른다고 역설하셨다. 광야의 만나와 바위틈에서 나오는 물은 이스라엘 백성에게 가장 필요한 만큼의 물과 양식을 제공하였다. 하지만 여기서도 하나님께서는 이스라엘 백성이 하나님의 말씀에 귀기울이고 그 분의 뜻에 순종하길 원하셨다.

패역해진 이스라엘 백성들을 향하여 외치는 이사야를 통해서 하나님의 진리의 말씀으로 나아와 들으라는 것이다. 돈 없이 값없이 나아와 들으라는 것이다. 그 들음의 결과는 좋은 것이고 마음이 즐거운 것이며 우리 영혼이 사는 길이고 창조주 하나님과의 은혜 언약의 관계로 들어가는 길이며 확실한 은혜와 증거를 받는 것이다. 그 뿐이 아니라 나라와 나라에서 만민의 인도자와 명령자로 세움을 입고 종국에 가서는 죽어서도 영화롭게 되는 것이다. 이 모두가 거룩하신 하나님께로, 그 진리의 말씀 앞에 나아와 듣는 데서 얻어지는 결과라는 것이다. 실로 우리의 하는 일은 예상외로 간단명료하다. 다만 하나님의 말씀으로 나아와 그 말씀을 듣는 것일 뿐 다른 아무것도 하나님께서는 우리에게 요구하지 않으신다. 이사야가 이 말씀을 들었을 때 그는 지극히 크신 하나님께서 사람에게 요구하시는 것이라고는 단지 나아와 듣는 것이라는 사실에 감격했을 것이다. 그러나 막상 이사야의 외침에 반응한 이스라엘 백성의 태도와 자세는 매우 냉담

하였다. 이 같은 현상은 지금도 되풀이되고 있다. 인간이 얼마나 불필요한 일에 자신의 정열을 불태우고도, 자신의 모든 것을 바치고도, 자신의 가장 작은 정성의 마지막 남은 하나마저도 교회에 바치고도 막상 하나님의 진리의 말씀을 듣기에는 너무나 주춤해 하는지 모른다. 하나님의 말씀은 목회자에게서, 사역자에게서 들어지는 것이 아니다. 우리는 대부분 그들에게서 길들여질 뿐이다. 간혹 그들의 설교를 들을 때도 있으나, 하나님께서는 각자의 사람이 하나님의 말씀 앞에 나아와 진리를 듣기를 원하신다. 골방에서 기도하듯이 말씀을 읽으며 고요히 묵상하기를 원하신다. 말씀 안에 잠기기를 원하신다.

시내 산에서 이스라엘 백성은 하나님의 음성을 직접 듣기보다는 모세를 통해 듣기를 원했다. 이는 잘못된 것이었다. 하나님께서는 저들의 원대로 항상 모세와 같은 선지자를 세우시지 않으셨다. 대신 하나님께서 주신 율법을 듣고 그 말씀대로 준행하기를 원하셨다. 예수님께서도 고작 3년간의 짧은 기간만 이 세상에 계셨다. 하나님께서는 우리가 성경을 직접 읽으며 묵상하는 가운데 거룩하신 성령님의 조명 하에 참 진리의 깨달음과 순종을 배우기를 원하신다. 진실로 예수님을 믿는 자는 성령의 올바른 인도하심을 알게 된다. 진실한 성도들은 모여서 진리의 말씀으로 혼란스럽지 않고 온전하고도 이성적으로 교제하고 분별할 줄 알게 된다.

04 교회

이 세상의 어느 교회도 완전한 교회는 없다.
불완전한 교회는 장차 천국에서 완전해질 것이다.

성경은 하나님의 택함 받은 모든 그의 백성들을 교회라 정의한다. 때로는 교회를 성도라고도 한다. 이들이 모이는 장소가 어떤 정해진 형태와 구조를 가질 필요는 없다. 교회에 목사와 장로와 집사가 반드시 있어야 하는 것도 아니다. 초대교회의 전부가 현재에는 전혀 남아 있지 않다는 사실에 유의해야 한다. 다만 예수님의 진리는 영원히 지속된다. 교회는 신령 되신 예수님의 신부와도 같으며 예수님께서는 교회를(성도들을) 통해 그 분의 인간 구원의 섭리와 뜻을 이루어 가신다. 교회는 많은 사명들을 가진다. 그리고 교회의 중요한 사명은 교회의 지체들인 각 구성원들이 머리 되신 예수님의 신부로서 하나님 앞에 거룩하고 흠 없고 점 없는 자들로 서도록 변화되어야 하는 것이다. 그 변화의 과정을 성화 또는 영화로 불린다. 성도는 장차 재림하실 예수님과 천국에서 함께 사는 날을 기대하면서 이 땅에서 최선을 다해 예수님의 가르침대로 자기 십자가를 지고 가야 한다. 교회 사명의 첫 번째로 하나님 말씀의 전파를 꼽는다. 진리의 말씀이 없는 곳에는 성도들이 모여도 서로 유익이 없고 성도들이 올바르게 자라지 않는다. 교회 건물은 성도들이 함께 기도하는 장소이며, 성도들이 함께 예배하는 장소이다. 교회를 통해서 성도들은 성도들 간의 수평적 관계를 어떻게 성경적으로 유지하는가를 배운다.

　교회에서 때로는 다툼이 있고 분쟁이 있고 분리가 발생할 수 도 있다. 아직 어리기 때문이다. 교회가 성숙해 가면서 성령의 아름다운 열매를 맺어야 정상이다. 이 세상의 어느 교회도 완전한 교회는 없다. 불완전한 교회는 장차 천국에서 완전해 질 것이다. 그러나 교회가 이성적으로 올바르게 개혁되어 간다면 성도들은 더 나은 성도간의 교제를 가질 수 있다. 이것이 복음주의적이고 보수주의적이며 개혁주의적인 노선의 신앙 자세인 것이다.

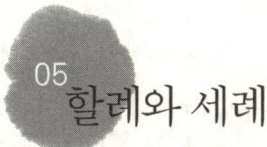

05 할례와 세례

할례와 세례의 공통점은 새 사람이, 새 민족의 구성원이 되었음을 알리는 의식이다.

출애굽기를 읽으면 구약 시대의 할례와 신약 시대의 세례가 같은 의미를 가짐을 알게 된다. 세례는 세례 요한이 시작한 이래로 죄를 회개하고 죄 사함을 받아 새사람이 되었음을 만인 앞에 고백하는 의식으로써, 세례를 받은 자들만이 성찬식에 참여하여 주님의 피를 상징하는 포도주와 주님의 살을 상징하는 떡을 함께 나누는 것을 말한다. 할례는 원래 하나님께서 아브라함에게 언약의 상징으로 명령하신 것으로 이스라엘 민족 중 남자들은 출생 후 8일 만에 할례 의식을 가졌다. 후에 출애굽기 당시 이스라엘 민족이 애굽을 나오면서 겪었던 유월절을 기념하라 하시면서 하나님께서는 1년 된 수컷 양을 죽여 불에 구워 먹고 7일 동안 누룩을 넣지 않은 무교병을 먹는 의식을 영원토록 지키라고 명하셨다. 이때 이스라엘 민족에 속하지 않은 이방인이 유월절 의식에 참여하기 위해서는 먼저 할례를 받으라고 명하셨다. 그 이유는 할례를 받음으로써 이방인들도 이스라엘 민족의 일부로 간주한다는 것이었다. 그리고 할례를 받은 이방인들만은 이스라엘 민족과 함께 주님의 피와 살을 상징하는 유월절 어린양을 구워 먹고, 누룩 넣지 않은 떡을 나눠먹었다. 따라서 할례와 세례의 공통점은 새 사람이, 새 민족의 구성원이 되었음을 알리는 의식인 것이다. 그렇다면 하나님께서는 왜 굳이 할례를 신약 시대에도 이스라엘 민족이 아닌 이방인들에게 계속 지속시키시지 않았을까? 예수님으로 말미암는 새 언약의 시대가 도래하였기 때문이다. 신약 시대는 은혜와 복음의 때이다.

06 전도 준비

언젠가 시골 교회를 방문하게 된 적이 있다. 그때 그 교회 사모님으로부터 오후 설교를 부탁받았는데, 그 방문 전날 밤 나는 30분의 설교를 위해 묵상하면서 준비하였다.

1. 예수님은 누구신가?

1) 하나님의 아들

마 16:16 시몬 베드로가 대답하여 가로되 주는 그리스도시요 살아 계신 하나님의 아들이시니이다.

2) 사람의 아들(인자)

마 9:6 그러나 인자가 세상에서 죄를 사하는 권세가 있는 줄을 너희로 알게 하려 하노라 하시고 중풍병자에게 말씀하시되 일어나 네 침상을 가지고 집으로 가라 하시니.

(Q.T. 인자란 단어가 얼마나 심오한 단어인지를 생각해 보시기 바랍니다.)

2. 왜 예수님께서 이 땅에 오셨는가?

죄에서 우리를 구원하시고 자

마 1:21 아들을 낳으리니 이름을 예수라 하라 이는 그가 자기 백성을 저희 죄에서 구원할 자이심이라 하니라.

53:5 그가 찔림은 우리의 허물을 인함이요 그가 상함은 우리의 죄악을 인함이라 그가 징계를 받음으로 우리가 평화를 누리고 그가 채찍에 맞음으로 우리가 나음을 입었도다.

3. 예수님의 탄생과 죽음이 이미 구약 시대에 예언됨

사 7:14 그러므로 주께서 친히 징조로 너희에게 주실 것이라 보라 처녀가 잉태하여 아들을 낳을 것이요 그 이름을 임마누엘이라 하리라.

마 1:23 보라 처녀가 잉태하여 아들을 낳을 것이요. 그 이름은 임마누엘이라 하리라 하셨으니 이를 번역한즉 하나님이 우리와 함께 계시다 함이라.

4. 죄와 예수님의 죽음과의 관계

1) 죄가 없으신 예수님입니다.

히 4:15 우리에게 있는 대제사장은 우리 연약함을 체휼하지 아니하는 자가 아니요 모든 일에 우리와 한결같이 시험을 받은 자로되 죄는 없으시니라.

2) 인간은 죄로 인해 죽습니다.

　창 2:17 선악을 알게 하는 나무의 실과는 먹지 말라 네가 먹는 날에는 정녕 죽으리라 하시니라.

　롬 6:23 죄의 삯은 사망이요 하나님의 은사는 그리스도 예수 우리 주 안에 있는 영생이니라.

3) 죽음 후에 심판이 있습니다.

　히 9:27 한 번 죽는 것은 사람에게 정하신 것이요 그 후에는 심판이 있으리니

4) 심판대 앞에 드러나 모든 자를 심판하실 분은 예수 그리스도이십니다.

　고후 5:10 이는 우리가 다 반드시 그리스도의 심판대 앞에 드러나 각각 선악간에 그 몸으로 행한 것을 따라 받으려 함이라.

　살후 2:12 진리를 믿지 않고 불의를 좋아하는 모든 자로 심판을 받게 하려 하심이니라.

　딤후 4:1 하나님 앞과 산 자와 죽은 자를 심판하실 그리스도 예수 앞에서 그의 나타나실 것과 그의 나라를 두고 엄히 명하노니

5. 죄에서 해방(구원)되는 길

　속죄뿐입니다. 구약시대에는 동물에 대한 대속의 희생 제사 의식이 있었습니다.

히 9:22 율법을 좇아 거의 모든 물건이 피로써 정결케 되나니 피 흘림이 없은즉 사함이 없느니라.

6. 죄인이 스스로 피를 흘린다고 속죄가 될 수 있는가?

불가능합니다. 죄 없는 사람(의인)이 대신 피를 흘려야(대속) 속죄가 됩니다. 즉 한 사람의 죄인을 위해 한 사람의 의인이 대신 죽어야 합니다. 그러나 인간들 가운데는 의인이 없습니다.

롬 5:7 의인을 위하여 죽는 자가 쉽지 않고 선인을 위하여 용감히 죽는 자가 혹 있거니와

롬 5:8 우리가 아직 죄인 되었을 때에 그리스도께서 우리를 위하여 죽으심으로 하나님께서 우리에게 대한 자기의 사랑을 확증하셨느니라.

롬 3:10 기록한 바 의인은 없나니 하나도 없으며

7. 인간 구원을 위한 하나님의 능력과 방법

1) 천국에 들어가려면 하나님 보시기에 점도 흠도 없이 100% 완전해야 합니다. 왜냐하면 하나님 자신이 거룩하시기 때문입니다.

엡 1:4 곧 창세 전에 그리스도 안에서 우리를 택하사 우리로 사랑 안에서 그 앞에 거룩하고 흠이 없게 하시려고

딤전 4:3 하나님의 뜻은 이것이니 너희의 거룩함이라 곧 음란을 버리고

딤전 5:23 평강의 하나님이 친히 너희로 온전히 거룩하게 하시고 또 너희 온 영과 혼과 몸이 우리 주 예수 그리스도 강림하실 때에 흠없게 보전되기를 원하노라.

벧전 1:16 기록하였으되 내가 거룩하니 너희도 거룩할지어다 하셨느니라.

2) 그러나 하나님의 천지창조의 능력으로도 죄인을 속죄함 없이 의인으로 변화시킬 수 없습니다. 인간 구원을 위한 하나님의 방법은 가장 먼저 하나님 자신부터 의로워지는 것이어야 하였습니다.

롬 3:26 곧 이 때에 자기의 의로우심을 나타내사 자기도 의로우시며 또한 예수 믿는 자를 의롭다 하려 하심이니라.

3) 하나님 자신도 의롭게 정당화되면서도 그래서 나중에 심판받아 영벌을 받을 사람들이 하나님을 불의하다 말하지 못하게 할 수 있는 유일한 방법은 하나님 자신이 죄인을 위해 대속하시는 길이었습니다. 이것은 구약시대 6천 년에 걸쳐 예언되었다가 성취되었습니다.

애 4:13 그 선지자들의 죄와 제사장들의 죄악을 인함이니 저희가 성읍 중에서 의인의 피를 흘렸도다.

히 10:10 이 뜻을 좇아 예수 그리스도의 몸을 단번에 드리심으로 말미암아 우리가 거룩함을 얻었노라.

4) 십자가에 달려 죽으신 예수님께서 3일 만에 다시 살아나신 것은 (부활하신 것은) 천지를 창조하신 하나님의 의가 대속의 피 값을 모두 치르고도 넘치므로 더 이상 사망이 예수님을 죽음에 붙잡아 두실 수 없었기 때문입니다.

5) 예수님의 탄생과 삶 그리고 죽음과 부활, 승천은 모두 지나간 과거의 역사입니다. 이것은 부인되지도 않고 지워지지도 않습니다. 성탄절은 과거를 회상하라고 기념하는 날이 아닙니다. 여전히 살아계신 하나님의 아들 예수 그리스도를 내가 지금 믿느냐 마느냐 하는 것이 중요합니다. 그래서 성경의 많은 부분에서 믿음을 설명하려고 강조하고 있습니다.

8. 성경의 비밀

고전 15:51-57 보라 내가 너희에게 비밀을 말하노니 우리가 다 잠잘 것이 아니요 마지막 나팔에 순식간에 홀연히 다 변화하리니, 나팔 소리가 나매 죽은 자들이 썩지 아니할 것으로 다시 살고 우리도 변화하리라. 이 썩을 것이 불가불 썩지 아니할 것을 입겠고 이 죽을 것이 죽지 아니함을 입으리로다. 이 썩을 것이 썩지 아니함을 입고 이 죽을 것이 죽지 아니함을 입을 때에는 사망이 이김의 삼킨 바 되리라고 기록된 말씀이 응하리라. 사망아 너의 이기는 것이 어디 있느냐 사망아 너의 쏘는 것이 어디 있느냐. 사망의 쏘는 것은 죄요 죄의 권능은 율법이라. 우리 주 예수 그리스도로 말미암아 우리에게 이김을 주시는 하나님께 감사하노니.

07 이단

교회는 진리의 말씀이 항상 올바르게 전파되고
낭독되어야 한다.

이 세상에 완전한 교회는 없다. 교회의 머리 되신 예수 그리스도께서 이 땅에 재림하시면 하나님께서는 완전한 새 예루살렘 교회를 창조하실 것이다. 초대 교회 이래로 수많은 교회들이 세워졌으나 세월이 흐르면서 대부분 사라졌고 새로운 교회들이 출현하여 존재하다가도 언젠가 다시 역사에서 사라지게 되는 것이다. 교회는 존재하고 있을 때 교회로서의 본분과 소명을 다하면 되는 것이지, 교회의 수명과 기한을 스스로 연장하려고 애쓸 필요는 없는 것이다. 현대의 교회들이 부르짖는 성령의 충만이 결코 사람의 뜻과 의지대로 역사되는 것이 아닌 것처럼 말이다.

그런데 그토록 많은 교회가 세상에 있다가 없어진 것과 맥락을 같이하여 그 동안 수많은 이단들 또한 무수히 생겨났다가 사라졌다. 여기서 우리는 이단을 분석하기보다는 전체적인 관점을 한 번쯤 헤아려 보아야 한다. 하나님의 계시와 음성을 들었던 세례 요한조차 목 베임을 당하기 전에 예수님께서 정녕 하나님의 보내심을 입은 구세주이신가에 대해 의문을 가지고 그의 제자를 통해 예수님께 여쭤보았다. 구약의 많은 선지자들도 아직 오시지 않았던 메시야에 대해 지금의 우리와는 매우 다른 기대와 생각을 가졌던 것이 사실이다. 사람은 그들이 죽어야 한다는 숙명과 하나님의 형상을 닮았다는 이유만으로 수많은 종교를 만드는 이성적 존재인 것이다. 그 동안 이 땅에 존재했던 수많은 인류들을 돌이켜보라. 우리는 그 누구도 하나님을 완전히 깨닫는다고 자부할 수 없음을 인정해야 한다. 어쩌면 이단이란 스스로 하나님을 완전히 안다고 하는 자들인지도 모른다.

성경에서 특히 신약에서 사도 바울과 베드로의 입을 통해 이단이란 용어가 세 번 나온다.

> 갈 5:16-21 내가 이르노니 너희는 성령을 좇아 행하라. 그리하면 육체의 욕심을 이루지 아니하리라. 육체의 소욕은 성령을 거스리고 성령의 소욕은 육체를 거스리나니 이 둘이 서로 대적함으로 너희의 원하는 것을 하지 못하게 하려 함이니라. 너희가 만일 성령의 인도하시는 바가 되면 율법 아래 있지 아니하리라. 육체의 일은 현저하니 곧 음행과 더러운 것과 호색과 우상 숭배와 술수와 원수를 맺는 것과 분쟁과 시기와 분냄과 당 짓는 것과 분리함과 이단과 투기와 술 취함과 방탕함과 또 그와 같은 것들이라 전에 너희에게 경계한 것같이 경계하노니 이런 일을 하는 자들은 하나님의 나라를 유업으로 받지 못할 것이요.

> 딛 3:10-11 이단에 속한 사람을 한두 번 훈계한 후에 멀리 하라 이러한 사람은 네가 아는 바와 같이 부패하여서 스스로 정죄한 자로서 죄를 짓느니라.

> 벧후 2:1 그러나 민간에 또한 거짓 선지자들이 일어 났었나니 이와 같

이 너희 중에도 거짓 선생들이 있으리라 저희는 멸망케 할 이단을 가만히 끌어들여 자기들을 사신 주를 부인하고 임박한 멸망을 스스로 취하는 자들이라.

우리는 이단을 정죄하는 어리석음에서 피해야 한다. 사람이 다른 사람의 이단 됨을 판단할 능력이 있을지라도 그들을 정죄할 자격은 없음을 알아야 한다. 우리는 이단을 피하면서 우리도 또한 그들과 같이 마음이 부패하여질까 조심하여야 한다. 오직 모든 것을 판단하시고 심판하실 분은 하나님 한 분뿐이시다. 이것이 교회의 역사성을 인정하는 보수주의적이고 복음주의적이며 개혁주의 노선의 성도들의 자세인 것이다. 로마 카톨릭 교회가 역사적으로 수많은 죄를 저질렀지만 우리 개신 교회가 그들을 정죄해서는 안 된다. 이단을 포함하는 모든 교회가 하나님의 말씀을 공유한다는 사실을 유의해야 한다. 우리 개신 교회도 하나님의 말씀의 일부만을 알고 깨달을 뿐이다. 우리가 소위 이단 교회와 다르고자 하는 것은 하나님 말씀을 항상 상고하며 성경책의 다른 구절들과 비교하면서 스스로 잘못된 관점과 교리를 취하지 않도록 성령님의 인도하심을 겸손히 구하는 자세이다. 하나님께서 이단 교회를 내버려두심도 그 분의 깊은 뜻이 있을 것이다. 한 가지 분명한 것은 저들 이단 교회들도 하나님의 거룩한 말씀을 읽고 그 말씀을 다루고 있다는 것이다. 하나님 말씀 자체의 권위를 인정한다면 우리는 결코 함부로 이단 교회라 해서 정죄하는 어리석음을 피해야 한다. 우리는 그들보다는 오히려 우리 자체 내에서 우리가 하나님의 말씀에서 어두워지는 것을 경계하여야 한다. 그래서 교회는 진리의 말씀이 항상 올바르게 전파되고 낭독되어야 한다.

　예수님의 친히 부름 받은 사도들조차 이단을 정죄하지 않았다. 그들은 무엇이 이단이고 아닌지를 규정할 수는 있었다. 하지만 정죄하지 않고 다만 모든 것을 하나님께 의뢰하였던 것이다.

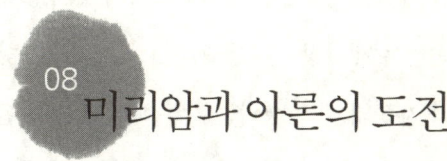

08 미리암과 아론의 도전

교회의 가장 중요한 사명이자 소명은 불변의 진리를
가르치는 일이다.

딤후 3:8 얀네와 얌브레가 모세를 대적한 것같이 저희도 진리를 대적하니 이 사람
들은 그 마음이 부패한 자요 믿음에 관하여는 버리운 자들이라.

얀네와 얌브레는 애굽의 마술사들이었다. 열 가지 재앙이 애굽에 내려질 때, 그들은 모세의 하나님을 대적하였으나 결국은 모세 앞에서 패퇴하여야 했다. 그들은 진리를 모르는 자들이었다. 본문에서 모세를 대적하는 것이 마치 진리를 대적하는 것으로 묘사한 점에 주목해야 한다.

출애굽 후 레위기에서 아론과 미리암이 모세를 대적한 적이 있다. 또한 민수기에도 고라 자손들이 모세의 권위를 무시한 적이 있다. 이 같은 모세 시대의 사건들의 의미가 오늘날 많은 목회자들에 의해 일부 왜곡되어 평신도가 목사의 권위에 함부로 도전하지 못하도록 못 박고 있다. 과연 모세는 무엇을 상징했던가? 목사의 직분이 모세의 직분에 버금가는 높은 권위를 가지는가? 얀네나 얌브레와 달리 아론과 미리암 그리고 고라 자손들은 모두 레위 지파 사람들이었음을 주목해야 한다. 레위 지파는 제사장 직분을 감당해야 했다. 선지자 모세에 못지않게 아론과 미리암 그리고 고라 자손들은 제사장 신분을 가지고 있었다. 그렇다면 아론과 미리암 그리고 고라 자손의 대적 행위는 같은 하나님의 종 된 신분에서 발생한 사건이었고, 왜곡된 오늘날의 해석대로 평신도가 목사의 권위에 도전하는 행위가 아니고 오히려 목사가 목사에게 도전하는 행위와도 같아 보인다.

이 모든 것이 잘못된 해석이다. 모세는 레위 지파 사람으로서 참 제사장 되시며 선지자요 중보자 되시는 예수님을 상징하고 있다. 하나님께서는 모세를 통해 그 어느 지파의 그 어느 누구도 겪지 못한 과정으로 우리에게 율법을 가르치셨다. 모세의 율법과 예수님의 은혜는 결코 이분화 될 수 없으며 모두 동일한 하나님의 경륜과 섭리 가운데 우리에게 주어진 것이다. 레위 지파였던 미리암과 아론 그리고 고라 자손의 모세에 대한 대적이 하나님의 노를 격동시킨 이유는 그들이 모세로 상징되는 하나님의 권위에 대적하였기 때문이었다.

평신도가 까닭 없이 목회자에게 대적하는 행위는 같은 성도로서 부끄럽고 분리를 유발하는 무책임한 행위이다. 또한 목회자들도 그들의 권위를 오직 진리의 말씀에서 회복하고 지킬 수 있어야 한다. 이 시대의 교회에서 가장 힘들고 안타까운 문제는 목회자들이 말씀에서 참 진리를 깨닫지 못하고 세상의 많은 지식으로 성도들의 심령을 채우려는, 마치 소경이 소경을 인도하는 듯한 현실이 문제이다. 교회가 사회와 문화 그리고 역사와 정치에까지 너무나 깊숙이 관여해 버렸다. 그래서 교회는 더욱 새로운 지식의 기반과 설득의 논리를 개발하지 않으면 안 되었다. 이것은 하나님의 목회자가 할 일이 아니다. 교회의 가장 중요한 사명이자 소명은 불변의 진리를 가르치는 일이기 때문이다. 가난한 자를 구제하는 것과 같은 사역은 그 진리의 말씀을 올바르게 전달 받아 심령이 변화된 일반 성도들도 자원하여 실천할 수 있기 때문이다. 우리는 이 가능성을 믿는다.

09 새 옷과 새 가죽 부대

예수님께서는 바리새인의 형식만 남은 낡은 율법과 같은 겉치레를 버리고 형식과 함께 주어졌던 율법의 정신을 가진 새 옷과 새 가죽부대를 가지라고 설명하신다.

막 2:18-22 요한의 제자들과 바리새인들이 금식하고 있는지라. 혹이 예수께 와서 말하되 요한의 제자들과 바리새인의 제자들은 금식하는데 어찌하여 당신의 제자들은 금식하지 아니하나이까. 예수님께서 저희에게 이르시되 혼인집 손님들이 신랑과 함께 있을 때에 금식할 수 있느냐 신랑과 함께 있을 동안에는 금식할 수 없나니, 그러나 신랑을 빼앗길 날이 이르리니 그 날에는 금식할 것이니라. 생베 조각을 낡은 옷에 붙이는 자가 없나니 만일 그렇게 하면 기운 새 것이 낡은 그것을 당기어 해어짐이 더하게 되느니라. 새 포도주를 낡은 가죽 부대에 넣는 자가 없나니 만일 그렇게 하면 새 포도주가 부대를 터뜨려 포도주와 부대를 버리게 되리라. 오직 새 포도주는 새 부대에 넣느니라 하시니라.

마가복음 2:21-22의 말씀은 앞의 18-20절과 밀접한 연관이 있다. 옷은 생베로 만들든 모직으로 만들든 우리의 생활에 필수적인 것이다. 또한 포도주는 가죽부대든 병이든 어딘가에 넣어야 보관이 된다. 여기서 생베나 새 포도주는 예수님 혹은 새 계명을 상징한다. 그리고 낡은 옷과 낡은 가죽부대는 옛 율법을 의미한다. 생활에 필요한 옷과 포도주를 넣어두어야 할 가죽부대가 문제가 아니고, 낡은 옷과 낡은 가죽부대가 문제라는 것이다. 원래 율법을 하나님께서 모세를 통해 이스라엘 민족에게 주셨을 당시에, 율법의 정신이 살아있었던 새 옷과 새 가죽부대는 분명 좋았었다. 하지만 세월이 흐르며 바리새인의 마음이 형식화되었을 때, 율법만 남고 그 율법의 정신은 사라진 것이다. 예수님께서는 바리새인의 형식만 남은 낡은 율법과 같은 겉치레를 버리고 형식과 함께 주어졌던 율법의 정신을 가진 새 옷과 새 가죽부대를 가지라고 설명하시는 것이다. 안식일의 주인이신 예수님을 상고하라. 천지는 사라져도 율법의 일 점 일 획도 사라지지 않는다고 예수님께서는 증거하셨다. 또한 우리가 바리새인만큼이나 율법을 온전히 지킬 것도 말씀하셨다. 주님께서는 율법을 폐하러 오신 것이 아니요, 오히려 온전히 이루려 오신 것이다. 그 누구도 율법을 다 지킬 수 없다 해도 예수님의 의로 말미암아 의롭다 여김을 받는 우리가 율법을 지키고자 하는 것은 이로써 하나님의 의를 온전히 이루는 것이기 때문이다. 예수님을 믿는 자가 바리새인보다도 율법을 지킬 줄 모른다면, 그는 스스로를 부끄럽게 여길 줄 알아야 한다. 하지만 율법을 온전히 지키려고 하는 우리의 열심이 하나님 앞에서 결코 자랑할 수 있는 것이 아님도 잊어서는 안 된다. 우리는 다만 예면 예요 아니면 아니요라고 고백할 뿐이다. 모든 것을 헤아리시는 하나님 앞에서 다만 경배할 뿐이다.

　하나님께서는 율법을 어기는 사람의 행위보다는 그 사람의 마음의 중심을 더욱 중요시 여기신다. 가장 대표적인 것이 바리새인의 시험을 반박하신 예수님의 증거다. 제사장 외에는 먹을 수 없는 진설병을 다윗은 먹었다는 것이다. 물론 다윗은 율법을 어기는 죄를 범했어도 하나님께서는 다윗의 죄를 드러내 보이시지 않으셨다. 예수님께서는 부연하여 안식일이 사람을 위해 있는 것이라고 설명하셨다. 율법은 사람을 위해 있는 것이다.

예수님께서 재림하시면 모든 것이 밝히 드러날 것이다. 하나님께서 임재하시는 은혜로운 자리에서 율법을 어기는 것보다는 우리에게 있는 하나님을 향한 신실함을 하나님께서는 분명 보시며 진리의 기준으로 우리를 판단하시리라!

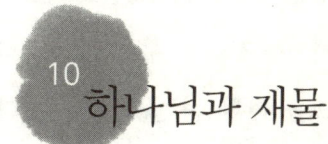

10 하나님과 재물

하나님께서는 그의 백성이 전적으로 하나님을
섬기든지 아니면 재물을 섬기든지
양자택일을 하라고 명하신다.

왕하 17:33 이와 같이 저희가 여호와도 경외하고 또한 어디서부터 옮겨왔든지 그 민족의 풍속대로 자기의 신들도 섬겼더라.

마 6:24 한 사람이 두 주인을 섬기지 못할 것이니 혹 이를 미워하며 저를 사랑하거나 혹 이를 중히 여기며 저를 경히 여김이라 너희가 하나님과 재물을 겸하여 섬기지 못하느니라.

마 10:37 아비나 어미를 나보다 더 사랑하는 자는 내게 합당치 아니하고 아들이나 딸을 나보다 더 사랑하는 자도 내게 합당치 아니하고

요 12:26 사람이 나를 섬기려면 나를 따르라 나 있는 곳에 나를 섬기는 자도 거기 있으리니 사람이 나를 섬기면 내 아버지께서 저를 귀히 여기시리라.

열왕기하 17:24-41을 읽어 보라. 앗수르 사람들은 이스라엘을 점령한 뒤 여러 각처에서 사람들을 옮겨다가 사마리아 땅에 거주하게 하였다. 물론 앗수르 사람들은 여호와를 경외할 줄 몰랐다. 그러자 여호와의 사자들이 나타나 그들 중 몇 사람을 죽였다. 이방인들은 말하기를 이는 저희가 그 땅 신의 법을 알지 못한 까닭이라고 하였다. 그래서 그들은 이스라엘 제사

장을 데려다가 그 땅 신의 법으로 무리에게 가르치게 하였다. 성경은 증거하기를 저희가 여호와도 경외하고 또한 자기의 신들도 섬겼다고 적었다. 그들의 행위는 잘못된 것이었다. 하나님께서는 그의 백성이 전적으로 하나님을 섬기든지 아니면 재물을 섬기든지 양자택일을 하라고 명하신다 (Totalitarian).

11 죄가 더한 속에 은혜가 더욱 넘쳤나니

또다시 죄를 짓지 않으려 하는 것이 참된 성도의 삶이다.

롬 5:20-6:2 율법이 가입한 것은 범죄를 더하게 하려 함이라. 그러나 죄가 더한 곳에 은혜가 더욱 넘쳤나니 이는 죄가 사망 안에서 왕 노릇한 것같이 은혜도 또한 의로 말미암아 왕 노릇하여 우리 주 예수 그리스도로 말미암아 영생에 이르게 하려 함이니라. 그런즉 우리가 무슨 말하리요. 은혜를 더하게 하려고 죄에 거하겠느뇨. 그럴 수 없느니라. 죄에 대하여 죽은 우리가 어찌 그 가운데 더 살리요.

눅 7:41-43 가라사대 빚 주는 사람에게 빚진 자가 둘이 있어 하나는 오백 데나리온을 졌고 하나는 오십 데나리온을 졌는데 갚을 것이 없으므로 둘 다 탕감하여 주었으니 둘 중에 누가 저를 더 사랑하겠느냐. 시몬이 대답하여 가로되 제 생각에는 많이 탕감함을 받은 자니이다. 가라사대 네 판단이 옳다 하시고

교회를 제법 오래 다녔다는 어느 대학교 교수님이 농담으로 이런 말을 하는 것을 들은 적이 있다. "죄가 더한 속에 은혜가 더욱 넘쳤나니 란 말이 있잖아. 세상에서 즐기면서 조금 더 죄짓더라도 걱정 마. 하나님의 은혜가 더 넘칠 테니까."

하나님의 말씀이 부분적으로 인용되어 성도들 사이의 우스갯소리의 소재가 되는 것을 세상 사람들은 별로 부끄러워하지 않는다. 나도 영적으로

어릴 적에는 성경 말씀을 가지고 젊은이들 사이에서 농담을 하곤 했다. 세월이 지나 영적으로 이제 조금 자라보니 내가 얼마나 부끄러운 말들을 쉽게 내뱉었는지 모른다는 자괴감마저 느낀다. 하나님을 알아갈수록 그 분에 대한 경외감으로 더욱 고개를 들기 어려워지는 것을 느낀다. 하물며 하나님을 농담의 소재로 쓸 수가 있겠는가?

 예수님께서 직접 가르쳐주었듯이 죄의 탕감을 더 많이 받은 자일수록 죄를 용서하신 하나님을 더 사랑하게 마련이다. 하나님을 사랑하노라 하는 자라면 당연히 그 분의 율법을 지키는 자라고도 하셨다. 사도 바울은 "은혜를 더하게 하려고 죄에 거하겠느뇨 그럴 수 없느니라"라고 강변하였다. 사람의 죄악이란 질적으로야 차이가 없지만 양적으로는 차이가 있을 수 있다. 사회적으로도 죄를 더 많이 졌던 사람이 무조건적으로 탕감을 받는다면 보통 사람이 느끼는 것보다 더 많은 감사와 감회가 깊을 것이다. 그가 정녕 죄 사함을 받은 것을 깊이 깨닫고 회심했다면 말이다. 또다시 죄를 짓지 않으려 하는 것이 참된 성도의 삶이다.

12 계명

율법의 가르침을 준수하는 것은 고사하고 성경 말씀 중의
믿기지 어려운 구절들도 모두 신뢰하는 신앙인들끼리
함께 신앙을 나눌 기회도 점차 줄어들고 있다.

마 5:17-19 내가 율법이나 선지자나 폐하러 온 줄로 생각지 말라 폐하러 온 것이 아니요 완전케 하려 함이로다. 진실로 너희에게 이르노니 천지가 없어지기 전에는 율법의 일점일획이라도 반드시 없어지지 아니하고 다 이루리라. 그러므로 누구든지 이 계명 중에 지극히 작은 것 하나라도 버리고 또 그같이 사람을 가르치는 자는 천국에서 지극히 작다 일컬음을 받을 것이요 누구든지 이를 행하며 가르치는 자는 천국에서 크다 일컬음을 받으리라.

현대인들에게 더구나 예수님을 믿게 되어 천국에 들어갈 구원을 확신한다는 현대의 기독교인들에게 성경의 율법을 가르치고 율법대로 온전하게(perfectly) 살라고 강조한다면, 그들 중에 얼마나 그런 설교가 먹혀들어갈 수 있을까? 어떤 진보주의 신학자들은 히브리어 원어의 원뜻이 지금과 많이 다르다고 강변하거나, 고대의 역사와 문화 그리고 정치와 사회의 당시 상황을 재현해 가면서 현대의 종교인은 고대의 종교인과 다를 수밖에 없음을 강조한다. 과연 그들의 말이 옳을까? 그들은 신앙도 신앙의 객체도 시대에 따라 변할 수 있다고 설교한다. 구약 성경에 관한 절대불변의 권위를 지적하신 분께서는 다름 아닌 예수님이셨다. 산상수훈을 설교하신 예수님께서 유대인들에게 외식이 아닌 마음 내면 중심에서 하나님을 경배하라고 하셨을 때, 사람들은 자칫 예수님께서 모세의 율법을 폐하시고 대신 십자가의 새로운 도를 신약 세대에 선포하신 줄로 오해하였다. 그러나 예수님의 답변은 전혀 뜻밖이었다. 예수님께서는 하나님께서 모세를 통해 이스라엘 백성에게 주셨던 율법이나 성경에 기록된 많은 선지자들의 행적을 폐하시기보다는 오히려 율법을 완전케 하러 이 세상에 오셨다고 말씀하셨다. 이 우주 만물은 순식간에 없어질 수는 있어도 율법의 일점 일 획도 결코 없어질 수 없음을 강조하셨다. 하나님의 율법과 그 율법에 담겨진 하나님의 언약과 통치의 모든 내용들은 그야말로 거룩하고 온전하며 완벽한 하나님의 말씀들이다.

그러므로 예수님께서는 말씀하시길 율법과 계명을 행하며 가르치는 자는 천국에서 큰 자요, 반대로 계명의 지극히 작은 것 하나라도 이제는 필요 없다며 버리고 또 그의 사상과 신조를 따르도록 가르치는 자는 천국에서 지극히 작은 자라고 하셨다. 천국은 오직 예수님의 보혈의 공로를 의지한 자만이 들어갈 수 있는 하나님의 나라이다. 천국 백성들은 하나님의 율법과 계명을 온전하도록 지키고 가르치려 했던 사람들이 대부분이라는 해석이 그래서 가능하다. 그러한 성도들은 예수님께서 자기들의 모든 죄를 위해 십자가에서 대속물로 드려졌음을 누구보다도 잘 알았을 것이다. 그들 자신들의 의가 아닌 오직 예수 그리스도의 의로우심으로 인해 그들이 구원 받을 수 있는 은혜의 믿음을 가지게 되었음도 잘 알고 있을 것이다. 모든 것이 전적으로 하나님의 은혜요 사랑이었음을 수없이 고백하였을 것이다. 그러면서도 왜 그리고 어떻게 그들은 구약의 율법과 계명을 배우게 되었고 지키려고 하였고 또 다른 이들에게 가르치기를 힘썼을까?

> 마 5:48 그러므로 하늘에 계신 너희 아버지의 온전하심과 같이 너희도 온전하라(Be ye therefore perfect, even as your Father which is in heaven is perfect).

그 성도들은 하나님의 모든 것을 신뢰하고 따르기를 원하는 심령을 가졌기 때문이었다. 그들은 이미 자신들이 예수님의 피로 구원받았음을 확신하였어도 그래서 자신들의 천국행이 보장되었음에도 불구하고 더욱더 근신하고 조심스러워 하는 심령을 가졌기 때문이었다. 그들은 창세기 처음 구절부터 요한계시록 마지막 구절까지 모두가 하나님의 말씀으로 믿을 수 있었고 그래서 그 말씀의 가르침대로 살기를 자원하는 심령을 가졌기 때문이었다. 성도가 율법과 계명을 100% 완전하게 행하기란 불가능하다. 그럼에도 불구하고 참된 성도는 율법과 계명을 사랑하고 이를 지키며 살다가 주님께 부름을 받았다. 그들은 언제라도 율법과 계명을 바르게 가르치기를 주저하지 않았으며 이것이 그들의 세상 사람과 다른 삶의 방식이었다. 세상 사람들은 그들을 비웃고 경멸하였지만 그들은 최선을 다해 계명을 지키며 가르치며 살았다.

현대에 오면서 우리의 앞서간 참된 성도들의 모습이 점차 사라져 가고 있다. 율법의 가르침을 준수하는 것은 고사하고 성경 말씀 중의 믿기기 어려운 구절들도 모두 신뢰하는 신앙인들끼리 함께 신앙을 나눌 기회도 점차 줄어들고 있다. 아름다워 보이는 교회 성도들의 찬양과 친교 그리고 성경 공부 모임에서조차 진리의 말씀을 심도 있게 교제하는 기회는 드물다 못해 거의 찾아보기 어렵다. 외형적으로는 신앙인들의 분주한 잔치처럼 보여도 그곳에 진리와 율법 그리고 계명이 토의되지도 거론되지도 않는다. 하지만 아직 이 세상 어디엔가 하나님의 율법과 계명을 사랑하여 지키기를 힘쓰며 또 가르치기를 주저하지 않으려는 참된 성도들이 있음을 알라.

13 복음

하나님의 복음은 정녕 사람의 인생을 근본적으로
바꿔버리는 하나님의 능력이다.

복음의 영광은 하나님께서 예수 그리스도 한 인격을 통해 모두 다 이루신 일을 만방에 천명하는 데 있다. 초대 교회의 사도들의 설교의 핵심이자 주제는 예수가 그리스도이시라는 것이었다. 그들은 복음의 핵심을 처음부터 주저없이 말하기를 겁내지 않았다. 지금의 교회 목회자들처럼 이 세상에서의 행복한 삶과 생활에 관해 프로그램화된 설교가 아니었다. 사도들은 나사렛 예수 그리스도가 하늘에서 땅으로 오신 하나님의 아들이심을 설교의 최고조로 삼았다. 그러면서 그들은 예수 그리스도의 유일하신 신성과 거룩하고 흠 없고 죄 없고 완전하셨던 순종 어린 삶을 설교의 주 내용으로 여겼다. 예수 그리스도의 십자가는 단순히 그의 동족에게 배반된 결과가 아니었다. 이는 세상과 화목하려는 하나님의 심오하고도 영원한 의미를 가지고 있다. 예수님의 죽음은 3일 만의 부활로 반전되었고 제자들에게 증거되고 하늘로 승천하셨을 뿐만 아니라 약속하신 성령님을 그의 백성들에게 보내신 일련의 사건들을 통해 그리스도인들의 새로운 능력의 삶을 가능케 하신 것이다.

  이같이 하나님의 복음은 정녕 사람의 인생을 근본적으로 바꿔버리는 하나님의 능력이다. 복음은 역사적으로 하나님의 이루신 모든 일을 알리는 데 강조점을 두어야 한다. 복음은 인생을 구원하려는 하나님의 방법과 그 분의 방법으로 가능해진 사람의 의를 알리는 데 그 영광이 있다. 사람은 복음을 단순히 받아들이는 데서 그쳐서는 안 되며, 복음에 순복해야 한다. 복음을 진실로 아는 자는 이 세상의 그 어떤 철학자나 권세자 앞에서도 당당히 복음의 진수를 밝힐 수 있는 사람들이다.

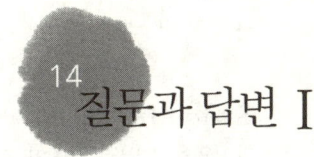

 안식일에 성도들의 생활과 하나님께서 원하시는 진정한 안식에 대하여 구체적인 답변을 부탁합니다.

- 돈 쓰는 문제
- 예배 후 가족끼리의 생활 (TV시청, 외식, 건전한 야외 놀이)

 먼저 하나님의 말씀을 읽어 봅시다.

창 2:2-3 하나님의 지으시던 일이 일곱째 날이 이를 때에 마치니 그 지으시던 일이 다하므로 일곱째 날에 안식하시니라. 하나님이 일곱째 날을 복 주사 거룩하게 하셨으니 이는 하나님이 그 창조하시며 만드시던 모든 일을 마치시고 이 날에 안식하셨음이더라.

출 20:8-11 안식일을 기억하여 거룩히 지키라. 엿새 동안은 힘써 네 모든 일을 행할 것이나, 제 칠 일은 너의 하나님 여호와의 안식일인즉 너나 네 아들이나 네 딸이나 네 남종이나 네 여종이나 네 육축이나 네 문 안에 유하는 객이라도 아무 일도 하지 말라. 이는 엿새 동안에 나 여호와가 하늘과 땅과 바다와 그 가운데 모든 것을 만들고 제 칠 일에 쉬었음이라 그러므로 나 여호와가 안식일을 복되게 하여 그 날을 거룩하게 하였느니라.

출 31:13-17 너는 이스라엘 자손에게 고하여 이르기를 너희는 나의 안식일을 지키라 이는 나와 너희 사이에 너희 대대의 표징이니 나는 너희를 거룩하게 하는 여호와인 줄 너희로 알게 함이라. 너희는 안식일을 지킬지니 이는 너희에게 성일이 됨이라 무릇 그 날을 더럽히는 자는 죽일지며 무릇 그 날에 일하는 자는 그 백성 중에서 그 생명이 끊쳐지리라. 엿새 동안은 일할 것이나 제 칠 일은 큰 안식일이니 여호와께 거룩한 것이라 무릇 안식일에 일하는 자를 반드시 죽일지니라. 이같이 이스라엘 자손이 안식일을 지켜서 그것으로 대대로 영원한 언약을 삼을 것이니, 이는 나와 이스라엘 자손 사이에 영원한 표징이며 나 여호와가 엿새 동안에 천지를 창조하고 제 칠 일에 쉬어 평안하였음이니라 하라.

출 35:2-3 엿새 동안은 일하고 제 칠일은 너희에게 성일이니 여호와께 특별한 안식일이라 무릇 이날에 일하는 자를 죽일지니, 안식일에는 너희의 모든 처소에서 불도 피우지 말지니라.

레 16:31 이는 너희에게 큰 안식일인즉 너희는 스스로 괴롭게 할지니 영원히 지킬 규례라.

레 19:30 내 안식일을 지키고 내 성소를 공경하라 나는 여호와니라.

레 23:3 엿새 동안은 일할 것이요 일곱째 날은 쉴 안식일이니 성회라 너희는 무슨 일이든지 하지 말라 이는 너희 거하는 각처에서 지킬 여호와의 안식일이니라.

민 15:32-36 이스라엘 자손이 광야에 거할 때에 안식일에 어떤 사람이 나무하는 것을 발견한지라. 그 나무하는 자를 발견한 자들이 그를 모세와 아론과 온 회중의 앞으로 끌어왔으나, 어떻게 처치할는지 지시하심을 받지 못한 고로 가두었더니, 여호와께서 모세에게 이르시되 그 사람을 반드시 죽일지니 온 회중이 진 밖에서 돌로 그를 칠지니라. 온 회중이 곧 그를 진 밖으로 끌어내고 돌로 그를 쳐죽여서 여호와께서 모세에게 명하신 대로 하니라.

느 10:31 혹시 이 땅 백성이 안식일에 물화나 식물을 가져다가 팔려 할지라도 우리가 안식일이나 성일에는 사지 않겠고 제 칠 년마다 땅을 쉬게 하고 모든 빚을 탕감하리라 하였고

느 13:15-22 그 때에 내가 본즉 유다에게 어떤 사람이 안식일에 술 틀을 밟고 곡식단을 나귀에 실어 운반하며 포도주와 포도와 무화과와 여러 가지 짐을 지고 안식일에 예루살렘에 들어와서 식물을 팔기로 그 날에 내가 경계하였고, 또 두로 사람이 예루살렘에 거하며 물고기와 각양 물건을 가져다가 안식일에 유다 자손에게 예루살렘에서도 팔기로, 내가 유다 모든 귀인을 꾸짖어 이르기를 너희가 어찌 이 악을 행하여 안식일을 범하느냐. 너희 열조가 이같이 행하지 아니하였느냐. 그러므로 우리 하나님이 이 모든 재앙으로 우리와 이 성읍에 내리신 것이 아니냐. 이제 너희가 오히려 안식일을 범하여 진노가 이스라엘에게 임함이 더욱 심하게 하는도다 하고, 안식일 전 예루살렘 성문이 어두워갈 때에 내가 명하여 성문을 닫고 안식일이 지나기 전에는 열지 말라 하고 내 종자 두어 사람을 성문마다 세워서 안식일에 아무 짐도 들어오지 못하게 하매, 장사들과 각양 물건 파는 자들이 한두 번 예루살렘 성 밖에서 자므로, 내가 경계하여 이르기를 너희가 어찌하여 성 밑에서 자느냐 다시 이같이 하면 내가 잡으리라 하였더니 그 후부터는 안식일에 저희가 다시 오지 아니하였느니라. 내가 또 레위 사람들을 명하여 몸을 정결케 하고 와서 성문을 지켜서 안식일로 거룩하게 하라 하였느니라. 나의 하나님이여 나를 위하여 이 일도 기억하옵시고 주의 큰 은혜대로 나를 아끼시옵소서.

사 56:2 안식일을 지켜 더럽히지 아니하며 그 손을 금하여 모든 악을

행치 아니하여야 하나니 이같이 행하는 사람, 이같이 굳이 잡는 인생은 복이 있느니라.

사 56:4-7 여호와께서 이같이 말씀하시기를 나의 안식일을 지키며 나를 기뻐하는 일을 선택하며 나의 언약을 굳게 잡는 고자들에게는, 내가 내 집에서, 내 성 안에서 자녀보다 나은 기념물과 이름을 주며 영영한 이름을 주어 끊치지 않게 할 것이며, 또 나 여호와에게 연합하여 섬기며 나 여호와의 이름을 사랑하며 나의 종이 되며 안식일을 지켜 더럽히지 아니하며 나의 언약을 굳게 지키는 이방인마다. 내가 그를 나의 성산으로 인도하여 기도하는 내 집에서 그들을 기쁘게 할 것이며 그들의 번제와 희생은 나의 단에서 기꺼이 받게 되리니 이는 내 집은 만민의 기도하는 집이라 일컬음이 될 것임이라.

사 58:13-14 만일 안식일에 네 발을 금하여 내 성일에 오락을 행치 아니하고 안식일을 일컬어 즐거운 날이라, 여호와의 성일을 존귀한 날이라 하여 이를 존귀히 여기고 네 길로 행치 아니하며 네 오락을 구치 아니하며 사사로운 말을 하지 아니하면, 네가 여호와의 안에서 즐거움을 얻을 것이라 내가 너를 땅의 높은 곳에 올리고 네 조상 야곱의 업으로 기르리라 여호와의 입의 말이니라.

렘 17:21-27 여호와께서 이같이 말씀하시되 너희는 스스로 삼가서 안식일에 짐을 지고 예루살렘 문으로 들어오지 말며, 안식일에 너희 집에서 짐을 내지 말며 아무 일이든지 하지 말아서 내가 너희 열조에게 명함같이 안식일을 거룩히 할지어다. 그들은 청종치 아니하며 귀를 기울이지 아니하며 그 목을 곧게 하여 듣지 아니하며 교훈을 받지 아니하였느니라. 나 여호와가 말하노라. 너희가 만일 삼가 나를 청종하여 안식일에 짐을 지고 이 성문으로 들어오지 아니하며 안식일을 거룩히 하여 아무 일이든지 하지 아니하면, 다윗의 위에 앉는 왕들과 방백들이 병거와 말을 타고 이 성문으로 들어오되 그들과 유다 모든 백성과 예루살렘 거민들이 함께 그리할 것이요 이 성은 영영히 있을 것이며,

사람들이 유다 성읍들과 예루살렘에 둘린 곳들과 베냐민 땅과 평지와 산지와 남방에서 이르러서 번제와 희생과 소제와 유향과 감사의 희생을 가지고 여호와의 집으로 오려니와, 너희가 나를 청종치 아니하고 안식일을 거룩케 아니하여 안식일에 짐을 지고 예루살렘 문으로 들어오면 내가 성문에 불을 놓아 예루살렘 궁전을 삼키게 하리니 그 불이 꺼지지 아니하리라 하셨다 할지니라.

겔 20:12-13 또 나는 그들을 거룩하게 하는 여호와인 줄 알게 하려 하여 내가 내 안식일을 주어 그들과 나 사이에 표징을 삼았었노라. 그러나 이스라엘 족속이 광야에서 내게 패역하여 사람이 준행하면 그로 인하여 삶을 얻을 나의 율례를 준행치 아니하며 나의 규례를 멸시하였고 나의 안식일을 크게 더럽혔으므로 내가 이르기를 내가 내 분노를 광야에서 그들의 위에 쏟아 멸하리라 하였으나

겔 20:16-24 그들이 마음으로 우상을 좇아 나의 규례를 업신여기며 나의 율례를 행치 아니하며 나의 안식일을 더럽혔음이니라. 그러나 내가 그들을 아껴 보아 광야에서 멸하여 아주 없이 하지 아니하였었노라. 내가 광야에서 그들의 자손에게 이르기를 너희 열조의 율례를 좇지 말며 그 규례를 지키지 말며 그 우상들로 스스로 더럽히지 말라. 나는 여호와 너희 하나님이라 너희는 나의 율례를 좇으며 나의 규례를 지켜 행하고, 또 나의 안식일을 거룩하게 할지어다. 이것이 나와 너희 사이에 표징이 되어 너희로 내가 여호와 너희 하나님인 줄 알게 하리라 하였었노라. 그러나 그 자손이 내게 패역하여 사람이 준행하면 그로 인하여 삶을 얻을 나의 율례를 좇지 아니하며 나의 규례를 지켜 행하지 아니하였고 나의 안식일을 더럽혔는지라 이에 내가 이르기를 내가 광야에서 내 분을 그들의 위에 쏟으며 내 노를 그들에게 이루리라 하였으나, 내가 내 이름을 위하여 내 손을 금하고 달리 행하였었나니 내가 그들을 인도하여 내는 것을 목도한 열국 앞에서 내 이름을 더럽히지 아니하려 하였음이로다. 또 내가 광야에서 그들에게 맹세하기를 내가 그들을 이방인 중에 흩으며 열방 중에 헤치리라 하였었나니, 이

는 그들이 나의 규례를 행치 아니하며 나의 율례를 멸시하며 내 안식일을 더럽히고 눈으로 그 열조의 우상들을 사모함이며

마 12:1-8 그 때에 예수께서 안식일에 밀밭 사이로 가실새 제자들이 시장하여 이삭을 잘라 먹으니, 바리새인들이 보고 예수께 고하되 보시오 당신의 제자들이 안식일에 하지 못할 일을 하나이다. 예수께서 가라사대 다윗이 자기와 그 함께한 자들이 시장할 때에 한 일을 읽지 못하였느냐. 그가 하나님의 전에 들어가서 제사장 외에는 자기나 그 함께한 자들이 먹지 못하는 진설병을 먹지 아니하였느냐. 또 안식일에 제사장들이 성전 안에서 안식을 범하여도 죄가 없음을 너희가 율법에서 읽지 못하였느냐. 내가 너희에게 이르노니 성전보다 더 큰 이가 여기 있느니라. 나는 자비를 원하고 제사를 원치 아니하노라 하신 뜻을 너희가 알았더면 무죄한 자를 죄로 정치 아니하였으리라. 인자는 안식일의 주인이니라 하시니라.

마 12:10-14 한편 손 마른 사람이 있는지라 사람들이 예수를 송사하려 하여 물어 가로되 안식일에 병 고치는 것이 옳으니이까. 예수께서 가라사대 너희 중에 어느 사람이 양 한 마리가 있어 안식일에 구덩이에 빠졌으면 붙잡아 내지 않겠느냐. 사람이 양보다 얼마나 더 귀하냐 그러므로 안식일에 선을 행하는 것이 옳으니라 하시고, 이에 그 사람에게 이르시되 손을 내밀라 하시니 저가 내밀매 다른 손과 같이 회복되어 성하더라. 바리새인들이 나가서 어떻게 하여 예수를 죽일꼬 의논하거늘

마 24:20 너희의 도망하는 일이 겨울에나 안식일에 되지 않도록 기도하라.

막 2:23-3:6 안식일에 예수께서 밀밭 사이로 지나가실새 그 제자들이 길을 열며 이삭을 자르니, 바리새인들이 예수께 말하되 보시오 저희가 어찌하여 안식일에 하지 못할 일을 하나이까. 예수께서 가라사대 다윗

이 자기와 및 함께한 자들이 핍절되어 시장할 때에 한 일을 읽지 못하였느냐. 그가 아비아달 대제사장 때에 하나님의 전에 들어가서 제사장 외에는 먹지 못하는 진설병을 먹고 함께한 자들에게도 주지 아니하였느냐. 또 가라사대 안식일은 사람을 위하여 있는 것이요 사람이 안식일을 위하여 있는 것이 아니니, 이러므로 인자는 안식일에도 주인이니라. 예수께서 다시 회당에 들어가시니 한편 손 마른 사람이 거기 있는지라. 사람들이 예수를 송사하려 하여 안식일에 그 사람을 고치시는가 엿보거늘, 예수께서 손 마른 사람에게 이르시되 한가운데 일어서라 하시고, 저희에게 이르시되 안식일에 선을 행하는 것과 악을 행하는 것, 생명을 구하는 것과 죽이는 것, 어느 것이 옳으냐 하시니 저희가 잠잠하거늘, 저희 마음의 완악함을 근심하사 노하심으로 저희를 둘러보시고 그 사람에게 이르시되 네 손을 내밀라 하시니 그가 내밀매 그 손이 회복되었더라. 바리새인들이 나가서 곧 헤롯당과 함께 어떻게 하여 예수를 죽일꼬 의논하니라.

눅 6:1-11 안식일에 예수께서 밀밭 사이로 지나가실새 제자들이 이삭을 잘라 손으로 비비어 먹으니, 어떤 바리새인들이 말하되 어찌하여 안식일에 하지 못할 일을 하느뇨. 예수께서 내답하여 가라사대 다윗이 자기와 및 함께 한 자들이 시장할 때에 한 일을 읽지 못하였느냐. 그가 하나님의 전에 들어가서 다만 제사장 외에는 먹지 못하는 진설병을 집어먹고 함께 한 자들에게도 주지 아니하였느냐. 또 가라사대 인자는 안식일의 주인이니라 하시더라. 또 다른 안식일에 예수께서 회당에 들어가사 가르치실새 거기 오른손 마른 사람이 있는지라. 서기관과 바리새인들이 예수를 송사할 빙거를 찾으려 하여 안식일에 병 고치시는가 엿보니, 예수께서 저희 생각을 아시고 손 마른 사람에게 이르시되 일어나 한가운데 서라 하시니 저가 일어나 서거늘, 예수께서 저희에게 이르시되 내가 너희에게 묻노니 안식일에 선을 행하는 것과 악을 행하는 것, 생명을 구하는 것과 멸하는 것, 어느 것이 옳으냐 하시며, 무리를 둘러보시고 그 사람에게 이르시되 네 손을 내밀라 하시니 저가 그리하매 그 손이 회복된지라. 저희는 분기가 가득하여 예수를 어떻게 처치할 것을 서로 의논하니라.

눅 13:10-17 안식일에 한 회당에서 가르치실 때에, 십팔 년 동안을 귀신들려 앓으며 꼬부라져 조금도 펴지 못하는 한 여자가 있더라. 예수께서 보시고 불러 이르시되 여자여 네가 네 병에서 놓였다 하시고, 안수하시매 여자가 곧 펴고 하나님께 영광을 돌리는지라. 회당장이 예수께서 안식일에 병 고치시는 것을 분내어 무리에게 이르되 일할 날이 엿새가 있으니 그 동안에 와서 고침을 받을 것이요 안식일에는 말 것이니라 하거늘, 주께서 대답하여 가라사대 외식하는 자들아 너희가 각각 안식일에 자기의 소나 나귀나 마구에서 풀어내어 이끌고 가서 물을 먹이지 아니하느냐. 그러면 십팔 년 동안 사단에게 매인 바 된 이 아브라함의 딸을 안식일에 이 매임에서 푸는 것이 합당치 아니하냐. 예수께서 이 말씀을 하시매 모든 반대하는 자들은 부끄러워하고 온 무리는 그 하시는 모든 영광스러운 일을 기뻐하니라.

눅 14:1-6 안식일에 예수께서 바리새인의 한 두령의 집에 떡 잡수시러 들어가시니 저희가 엿보고 있더라. 주의 앞에 고창병 든 한 사람이 있는지라. 예수께서 대답하여 율법사들과 바리새인들에게 일러 가라사대 안식일에 병 고쳐 주는 것이 합당하냐 아니하냐. 저희가 잠잠하거늘 예수께서 그 사람을 데려다가 고쳐 보내시고, 또 저희에게 이르시되 너희 중에 누가 그 아들이나 소나 우물에 빠졌으면 안식일에라도 곧 끌어내지 않겠느냐 하시니, 저희가 이에 대하여 대답지 못하니라.

요 5:8-18 예수께서 가라사대 일어나 네 자리를 들고 걸어가라 하시니, 그 사람이 곧 나아서 자리를 들고 걸어가니라. 이 날은 안식일이니, 유대인들이 병 나은 사람에게 이르되 안식일인데 네가 자리를 들고 가는 것이 옳지 아니하니라. 대답하되 나를 낫게 한 그가 자리를 들고 걸어가라 하더라 한대, 저희가 묻되 너더러 자리를 들고 걸어가라 한 사람이 누구냐 하되, 고침을 받은 사람이 그가 누구신지 알지 못하니 이는 거기 사람이 많으므로 예수께서 이미 피하셨음이라. 그 후에 예수께서 성전에서 그 사람을 만나 이르시되 보라 네가 나았으니 더 심한 것이 생기지 않게 다시는 죄를 범치 말라 하시니, 그 사람이 유대인들에게 가서 자기를 고친 이는 예수라 하니라. 그러므로 안식일에 이러한 일을 행하신다 하여 유대인들이 예수를 핍박하게 된지라. 예수께서 저희에게 이르시되 내 아버지께서 이제까지 일하시니 나도 일한다 하시매, 유대인들이 이를 인하여 더욱 예수를 죽이고자 하니 이는 안식일만 범할 뿐 아니라 하나님을 자기의 친아버지라 하여 자기를 하나님과 동등으로 삼으심이러라.

요 7:22-24 모세가 너희에게 할례를 주었으니 (그러나 할례는 모세에게서 난 것이 아니요 조상들에게서 난 것이라) 그러므로 너희가 안식일에도 사람에게 할례를 주느니라. 모세의 율법을 폐하지 아니하려고 사람이 안식일에도 할례를 받는 일이 있거든 내가 안식일에 사람의 전신을 건전케 한 것으로 너희가 나를 노여워하느냐. 외모로 판단하지 말고 공의의 판단으로 판단하라 하시니라.

요 9:14-16 예수께서 진흙을 이겨 눈을 뜨게 하신 날은 안식일이라. 그러므로 바리새인들도 그 어떻게 보게 된 것을 물으니 가로되 그 사람이 진흙을 내 눈에 바르매 내가 씻고 보나이다 하니, 바리새인 중에 혹은 말하되 이 사람이 안식일을 지키지 아니하니 하나님께로서 온 자가 아니라 하며 혹은 말하되 죄인으로서 어떻게 이러한 표적을 행하겠느냐 하여 피차 쟁론이 되었더니.

행 16:13 안식일에 우리가 기도처가 있는가 하여 문 밖 강가에 나가 거기 앉아서 모인 여자들에게 말하더니.

행 18:4 안식일마다 바울이 회당에서 강론하고 유대인과 헬라인을 권면하니라.

골 2:16 그러므로 먹고 마시는 것과 절기나 월삭이나 안식일을 인하여 누구든지 너희를 폄론하지 못하게 하라. 이것들은 장래 일의 그림자이나 몸은 그리스도의 것이니라.

위의 모든 말씀들을 읽고 종합해보면, 안식일이건 아니건 성도에게는 매일매일이 하나님께 거룩한 주일입니다. 안식일을 지키라 함은 하나님의 말씀을 순종하여 하나님 보시기에 거룩한 삶을 살라는 것과 같은 뜻입니다. 순종과 거룩을 도외시한 채 일주일에 한 번 교회에 나가 예배를 드림으로써 자신의 의무를 다했다고 생각하는 어리석은 자가 되어선 안 됩니다. 주일날 예배 후 가족끼리 TV를 시청하든, 야외에 나가 건전한 놀이를 하든, 외식을 하든, 그래서 필요한 데 돈을 사용하든, 이것이 잘못된 것이 아닙니다. 주일날을 온전히 교회에 몸담고 충성된 모습을 선도하더라도 이것을 잘했다고 하는 것도 아닙니다. 어느 편에 서 있든지 적어도 시간의 십일조를 하나님께 드려서 하나님을 마음속 깊은 데서부터 경외하고 섬기는 자세를 갖추어 예배를 드리며 하나님을 생각하는가가 중요한 것입니다. 안타까운 것은 현대의 많은 기독교인들이 외형과 외모와 외식에는 철저히 신경을 쓰면서 막상 자신과 가족 그리고 이웃의 영혼의 문제에는 무관심하고 무의미하게 살아간다는 사실입니다. 사도 바울은 이를 가리켜 먹든지 마시든지 무엇을 하든지 하나님의 영광을 위하여 살라고 강조하였습니다. 나는 이렇게 안식일에 대한 현대인의 정의를 말해보고 싶습니다. 일주일에 하루라도 당신의 마음을 전적으로 하나님께 쏟아 부어보시기 바랍니다.

15 질문과 답변 Ⅱ

 다음은 다른 사이트의 목사님께 질문했다가 들은 답변입니다. 저자의 견해를 듣고 싶습니다.

"구원을 받았다"는 것이 무엇을 의미하는지를 봐야겠지요. 성경에서 구원 받았다는 것은, 예수 그리스도의 통치권 속에 예속되어버렸다는 말입니다. 따라서 다시는 그 밖으로 못 빠져 나오지요.

그런데 사람들이 구원받고 싶어서 "구원받은 것"으로 간주하고 싶을 정도로 믿음직한 마음가짐을 붙잡고 살아갈 수가 있습니다. 이럴 경우에는 본인도 물론 장담 못합니다. 왜냐하면 마음이야 언제 어디서 확 바뀔지 본인도 모르고 남도 확신할 수 없기 때문입니다. 바로 이런 점을 하나님께서 간파하시고 하나님께서는 그리스도 구원의 확정된 내용을 증거하시면서도 "이러이러한 인간은 믿음에서 파선한 자이다"라는 경우를 말씀하십니다. 그러니까 일찌감치 예수님 믿기를 포기하라는 말씀이 아니라 끝까지 회개해야 된다는 취지로 하신 말씀입니다. (물론 택한 자에게만 적용되겠지요.)

결론적으로 예수님의 하신 일을 믿고 사는 자는 구원에 탈락이 없습니다마는, 예수를 믿는 자신의 신앙 상태를 믿고서 사는 자는 애초부터 아직 그리스도의 통치권에 들어가 보지도 않는 자로서 신앙인 시늉을 내는 자이기에 (이런 자의 특징은 그리스도를 증거하는 것이 아니라 늘상 자신의 주의 종이나 주의 사자됨과 신앙이 돈독함을 증거하기에 신경을 씁니다.) 역시 탈락이 아닙니다(왜냐하면 아예 애초부터 구원된 적도 없기 때문입니다).

따라서 미리 아시고 하나님의 부름을 받은 자는 반드시 구원됩니다. "하나님이 우리를 구원하사 거룩하신 부르심으로 부르심은 우리의 행위대로 하심이 아니요 오직 자기 뜻과 영원한 때 전부터 그리스도 예수 안에서 우리에게 주신 은혜대로 하심이라"(딤후1:9).

 인용하신 다른 목사님의 견해는 맞는 말씀입니다. 저와 견해가 다른 것이 아니라 다르게 표현한 것이지요.

목사님의 말씀대로, "그러니까 일찌감치 예수님 믿기를 포기하라는 말씀이 아니라 끝까지 회개해야 된다는 취지로 하신 말씀입니다" 란 뜻은 "만약에 하나님 앞에 죄를 졌으면 언제라도 회개하라"는 것과 같은 의미입니다. 구원은 분명 하나님의 영원한 통치권 속에 예속되는 것입니다. 이렇게 되는 것이 사람의 결심에 의한 것이 아니라 하나님의 전적인 은혜로 말미암는다는 것입니다.

그런데 성도는 자신이 구원을 받았음을 스스로 확신할 수 없습니다. 왜냐하면 구원의 확신을 주시는 분도 하나님이시기 때문이지요. 매우 드물게 하나님께서 어떤 연약한 성도의 믿음을 강하게 일으키시기 위해 구원의 확신을 보여주시는 경우도 있답니다. 하지만 대부분의 경우는 구원의 확신을 보게 되기보다는 믿음으로 구원의 성취를 강하게 소망하는 것이지요.

성도는 세상 끝날 구원하신다는 하나님의 약속을 믿음으로 받아드리게 된 것뿐입니다. 그 믿음도 하나님께서 주신 것이요, 그 믿음대로의 성취 즉 영생의 구원도 전적으로 하나님의 은혜요 그 분만의 의지입니다.

구원이 하나님의 영원한 통치권 속에 예속되는 것이란 설명은 구원에 대한 정의입니다. 구원을 이루고 안 이루고 하시는 주체가 바로 하나님이시기에 성도는 구원을 받았다고 자의적으로 말할 수 없는 것이며, 오직 구원의 하나님을 바라보는 것입니다.

그렇게 때문에 성도는 한편으로는 예수 그리스도의 십자가 대속 역사를 믿게 된 무리들이면서도 또 다른 한편으로는 하나님의 백성답게 거룩하고 의롭게 살려고 부단히 하나님을 바라는 사람들입니다. 전자만 강조하면 믿음 지상주의에 빠지고 후자만 강조하면 선행에 의한 구원 성취를 추구하게 됩니다.

자칭 하나님을 안다고 하며 구원을 자랑하던 많은 사람들 중에 나중에 가서는 세상 사람보다 더 악하게 되는 경우도 허다합니다.

우리는 예정론을 믿습니다만 동시에 예정된 사람은 누군지 모른다는 사실도 인정합니다. 항상 하나님의 긍휼하심을 바라는 것이 성도의 바른 자세입니다.

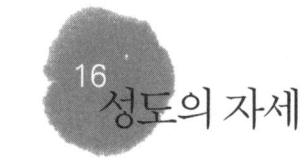

16 성도의 자세

성도는 자신이 깨닫고 믿는 기독 사상을 고수하되 자기와 다른 사상을 가진 사람을 비판하지 않고 오히려 긍휼히 여겨야 한다.

    나를 잘 아시는 어느 목회자께서 나의 신학 교리관과 교회관은 하나님 절대주권 중심사상에 근거를 두고 있다고 말하시면서, 그 분 자신은 같은 맥락의 사상을 가지면서도 성도에게 좀더 가까이 근접하여 어필(appeal)할 수 있는 인간 친화적인 설교를 하게 된다고 설명하셨다.

    하나님께서는 매우 다양한 인종과 나라와 풍습에서 각기 다른 그 분의 백성을 부르신다. 그리고 서로 다른 언어, 문화와 풍습 그리고 역사적 배경 때문에서라도 세계에 흩어진 성도들의 신학관과 교회관이 다를 수 있다. 도대체 그들 신학관과 교회관의 차이가 얼마나 다르고 어떻게 다른 사상을 가지고 기독교회를 유지하는지에 대해 여기서 일일이 다 열거하기는 어렵다. 우로는 국수주의적인 전통 보수주의 진영의 교회들이 있는가 하면, 좌로는 자유분방한 민중주의 진영의 교회들이 함께 존립하고 있다. 성도는 자기와 다른 색깔의 신학 교리관과 교회관을 가진 종교인들을 비판하거나 정죄할 자격도 입장도 가지지 못하며 가져서도 안 된다.

나도 그랬고 많은 신학자들이나 목회자들이 책을 저술하거나 설교를 준비하면서 자칫 자기와 다른 사상을 가진 종교인들을 폄론하고 그럼으로써 자기의 사상을 주장하려는 우를 범하게 된다. 설교자는 자기의 사상을 전파하려고 설교하는 사람이 아니다. 설교자는 하나님의 말씀을 읽으면서 깨달은 하나님의 뜻을 다른 성도들에게 설파할 뿐이다. 때때로 설교자가 그릇되게 설교 내용을 준비할 때도 있다. 참된 성도는 이러한 사실을 인정할 줄 알아야 한다. 그래서 설교자는 자신의 능력 범위 안에서 더욱 조심스럽게 하나님의 말씀을 읽고 깊이 묵상하며 하나님의 전적인 은혜를 간구해야 한다. 그렇다면 다양하도록 서로 다른 색깔과 사상을 가진 설교자들의 설교가 모두 옳은가? 답은 결코 아니다. 그러면 옳지 않은 설교를 하는 설교자를 내어 쫓아야 하는가? 답은 결코 아니다. 그러면 어떻게 하여야 하는가? 답은 옳은 설교를 하는 목회자를 만나야 한다. 그런 목회자를 어떻게 만날 수 있는가? 하나님께 전심으로 기도드려 보라. 하나님께서는 전심으로 그 분의 진리를 찾는 자에게 진리를 올바르게 깨달은 목회자를 보내주시거나 필요하면 직접 말씀을 통해 깨우쳐 주신다.

성도는 설교를 들으면서 다른 사람을 비판하는 마음을 배워서는 안 된다. 성도는 설교를 들으며 하나님을 올바르게 분변하고 각성하는 기회를 가져야 하고 홀로 말씀으로 확인하는 열심을 배워야 한다. 그러면 남을 비판하지 말라는 말씀과 우상 숭배하지 말라신 하나님의 모든 말씀들이 성도의 심령 가운데 남아서 역사하고 그 성도를 가장 올바른 진리의 길로 인도하실 것이다. 하나님께서는 성도에게 그 성도가 감당할 말씀과 믿음 그리고 능력을 주시기를 원하신다. 그리고 하나님의 인도하심은 점차 그 성도를 더욱 하나님의 거룩하신 영광에 합당하도록 꾸준히 이끌어 가신다. 기독교 역사를 읽어 보면 기독교가 타 종교를, 그리고 타 종교인이 기독교인을 박해한 적이 한두 번이 아니었다. 이는 물과 기름이 함께 섞일 수 없는 이치와도 같지만 하나님께서는 기독교가 타 종교에게서 핍박을 받을지언정 타 종교를 억누르지 않기를 원하신다. 인류의 역사를 섭리하시는 하나님께서 모든 것을 그 분의 권한 하에서 판단하시고 정죄하실 것이다. 하나님의 성도는 모든 심판을 하나님께만 맡길 뿐이다. 그러면서도 참 성도는 이교도와 어울려 하나님의 원치 않으시는 우상 숭배를 자행하는 어리석음을 범치 않는다. 성도는 자신이 깨닫고 믿는 기독 사상을 고수하되 자기와 다른 사상을 가진 사람을 비판하지 않고 오히려 긍휼히 여겨야 한다. 성도는 죄와 선의 양면을 모두 보게 된 사람들이다.

갈라디아서 설교노트
SERMON NOTE ON EPISTLE TO GALATIANS

2006년 10월 20일 초판 발행

지은이 | 장 순 석

펴낸곳 | 사) 기독교문서선교회
등록 | 제16~25호(1980. 1. 18)
주소 | 서울시 서초구 방배동 983-2
전화 | 02) 586-8761~3(본사) 031) 923-8762~3(영업부)
팩스 | 02) 523-0131(본사) 031) 923-8761(영업부)
홈페이지 | www.clcbook.com
이메일 | clc@clcbook.com

ISBN 89-341-0931-9(03230)
* 낙장 · 파본은 교환해 드립니다.